老年体育学概论

张继东 闪 明 索海洋 著

化学工业出版社

·北京·

内容简介

本书在介绍老年学和老年体育学的基础上，结合老年人的生理、心理、社会学、人格等特征，阐述积极、健康的老年人体育运动方式、生活细节和老年体育运动时的注意原则、健身理论、运动风险和监督，并介绍社区老年体育、老年休闲体育、老年人体育康复、老年体育服务保障体系、老年体育产业等内容，旨在科学指导老年体育工作的开展，为从事老年体育运动的管理、组织、教育等人士提供参考。

图书在版编目（CIP）数据

老年体育学概论/张继东，闪明，索海洋著.—北京：化学工业出版社，2020.10
ISBN 978-7-122-37628-2

Ⅰ.①老… Ⅱ.①张… ②闪… ③索… Ⅲ.①老年人-体育理论-概论 Ⅳ.①G811.4-0

中国版本图书馆 CIP 数据核字（2020）第 161213 号

责任编辑：刘亚军　　　　　　　　文字编辑：刘　璐　陈小滔
责任校对：宋　玮　　　　　　　　装帧设计：张　辉

出版发行：化学工业出版社（北京市东城区青年湖南街 13 号　邮政编码 100011）
印　　装：大厂聚鑫印刷有限责任公司
880mm×1230mm　1/32　印张 6　字数 206 千字
2020 年 10 月北京第 1 版第 1 次印刷

购书咨询：010-64518888　　　售后服务：010-64518899
网　　址：http://www.cip.com.cn
凡购买本书，如有缺损质量问题，本社销售中心负责调换。

定　价：39.00 元　　　　　　　　　　　　　　　　　　版权所有　违者必究

前言

　　人口老龄化在全世界都是备受瞩目的问题。《2013中国人类发展报告》预测，到2030年，我国65岁及以上的老年人口占全国总人口的比重将提高到18.2%左右。人口老龄化既是机遇也是挑战。《中国老龄产业发展报告（2014）》指出，中国已经处于老龄社会初期，2014~2050年，中国老年人口的消费潜力将从4万亿元左右增长到106万亿元左右，占GDP的比例将从8%左右增长到33%左右，中国将成为全球老龄产业市场潜力最大的国家。

　　人口老龄化不仅会对社会、经济、文化等带来不同程度的影响，而且对老年人的自我定位、身心健康和生活方式等都会带来影响。随着年龄的增长，人的身体功能在不断地退化，这种不可避免的自然衰老进程，使得越来越多的老年人开始产生强烈的自我保健意识，希望通过体育锻炼等方式增强体质，从而拥有更好的生活质量，最终达到延年益寿的目的。

　　老年人要想进行科学文明的体育锻炼，就要有科学的理论做指导。本书正是基于这个目的进行编写的。我们希望老年人通过体育锻炼，形成健康的生活方式,能够强身健体、延年益寿,度过一个健康、快乐的晚年生活。

  本书在编写过程中参考了大量的文献及书刊,在此对作者表示感谢。由于编写时间过于仓促,书中不免有疏漏不妥之处,还请广大读者批评指正。

著者
2020 年 1 月

目 录

第一章 老年学与老年体育学 …… 1
第一节 老年学概述 …… 1
一、衰老与老年学 …… 2
二、老年人的年龄划分 …… 2
第二节 人口老龄化和老年体育人口 …… 4
一、人的寿命 …… 5
二、人口老龄化及其划分标准 …… 5
三、人口老龄化发展趋势 …… 6
四、积极应对人口老龄化的基本方针 …… 7
五、体育人口的概念及其判定标准 …… 9
第三节 老年体育学概述 …… 11
一、基本含义 …… 11
二、老年体育的性质 …… 12
三、老年体育学的任务 …… 12
四、老年体育活动的特征 …… 12

五、老年体育活动的基本指导原则 ……………………………… 14
　　六、老年体育在社会活动中的作用 ……………………………… 17
　　七、老年体育对推进健康老龄化的作用 ………………………… 18

第二章　老年人的特征 ……………………………………………… 20
第一节　老年人的生理学特征 …………………………………… 20
　　一、形态结构及代谢功能的变化 ………………………………… 21
　　二、各系统生理功能的特点 ……………………………………… 21
第二节　老年人的心理学特征及影响因素 ……………………… 25
　　一、老年人的心理特征 …………………………………………… 26
　　二、特殊老年人的心理特征 ……………………………………… 29
　　三、老年人心理变化的影响因素 ………………………………… 30
　　四、老年人心理健康标准 ………………………………………… 32
第三节　老年人的社会学特征 …………………………………… 34
　　一、老年人与社会的互动关系变化 ……………………………… 34
　　二、老年人社会角色的变化 ……………………………………… 36
　　三、老年人家庭角色的转变 ……………………………………… 37
第四节　老年人的人格特征 ……………………………………… 39
　　一、老年人的人格特点 …………………………………………… 39
　　二、老年人的人格类型 …………………………………………… 39
　　三、老年人人格特征与心理健康的关系 ………………………… 41

第三章　老年体育生活方式 ………………………………………… 42
第一节　体育生活方式 …………………………………………… 42
　　一、生活方式与健康 ……………………………………………… 43
　　二、体育生活方式与健康 ………………………………………… 45
　　三、体育生活方式的结构要素 …………………………………… 46
第二节　城市老年人的体育生活方式 …………………………… 48
第三节　农村老年人的体育生活方式 …………………………… 50
　　一、农村老年人体育生活方式的现状及制约因素 ……………… 50

二、农村老年人体育生活方式的发展趋势 ………………… 51
三、农村老年人体育生活方式的科学发展标准 …………… 53

第四章 老年人体育健身的相关理论知识 ……………… 55
第一节 生命在于运动 …………………………………… 56
一、运动有益于老年人的生理健康 ………………………… 56
二、运动能改善老年人的心理健康 ………………………… 59
三、体育运动能提高生活质量 ……………………………… 59
第二节 与老年健康相关的生活细节 …………………… 61
一、烟酒茶与老年健康 ……………………………………… 61
二、环境与老年健康 ………………………………………… 62
三、睡眠与老年健康 ………………………………………… 63
四、肥胖与老年健康 ………………………………………… 64
第三节 老年人的运动营养 ……………………………… 65
一、我国目前的膳食结构 …………………………………… 65
二、老年人对膳食营养的特殊需求 ………………………… 66
三、合理安排饮食，提高生活质量 ………………………… 67
四、人体酸碱平衡与饮食 …………………………………… 69
五、重视预防营养不良和贫血 ……………………………… 69
六、老年人的能量和营养素需求 …………………………… 73
七、素食老年人的运动营养问题 …………………………… 80
八、患有慢性病的老年人的运动营养 ……………………… 83
九、药物与食物的相互作用 ………………………………… 88

第五章 老年人体育运动风险与医务监督 ……………… 89
第一节 老年人体育运动风险 …………………………… 89
一、老年人体育运动的原则 ………………………………… 89
二、老年人体育运动的风险 ………………………………… 91
第二节 老年人体育运动医务监督 ……………………… 93
一、老年人体育运动前的医务监督 ………………………… 94

二、老年人体育运动中的医务监督 ·············· 96
三、老年人进行体育运动后的医务监督 ·············· 101
四、老年人在不同气候及环境中运动的医务监督 ·············· 104

第六章 社区老年体育工作的开展与管理 ·············· 113
第一节 社区体育 ·············· 114
一、社区体育的概念 ·············· 114
二、社区体育的组成要素 ·············· 114
三、社区体育的类型及功能 ·············· 116
第二节 社区老年体育工作的价值 ·············· 117
一、社区老年体育工作的含义 ·············· 118
二、社区老年体育工作的目标 ·············· 118
三、社区老年体育工作的价值 ·············· 120
四、社区老年体育工作的原则 ·············· 121
五、指导老年人体育锻炼的注意事项 ·············· 122
六、社区老年体育工作的发展前景 ·············· 123
第三节 社区老年体育管理服务 ·············· 124
一、社区老年体育管理的内容 ·············· 125
二、社区老年体育管理的重要性 ·············· 127

第七章 老年休闲体育 ·············· 129
第一节 休闲体育概述 ·············· 129
一、休闲体育的分类 ·············· 130
二、休闲体育的特征 ·············· 132
三、休闲体育的功能 ·············· 134
四、老年人参加休闲体育的必要性 ·············· 135
第二节 适合老年人的体育运动项目 ·············· 136
一、身体基本运动方式 ·············· 136
二、球类运动 ·············· 137
三、水中运动 ·············· 138

四、健美操和舞蹈类运动 ………………………………………… 138
　　五、民间传统项目 ………………………………………………… 139

第八章　老年人体育康复 ………………………………………… 141
第一节　体育康复概述 …………………………………………… 141
　　一、体育康复的特点 ……………………………………………… 142
　　二、体育康复的原则 ……………………………………………… 143
　　三、体育康复锻炼可采取的组织形式 …………………………… 144
　　四、体育康复对人体健康的作用 ………………………………… 144
第二节　老年人常见病的体育康复 ……………………………… 145
　　一、冠心病 ………………………………………………………… 145
　　二、老年呼吸系统疾病 …………………………………………… 146
　　三、高血压病 ……………………………………………………… 146
　　四、糖尿病 ………………………………………………………… 147
　　五、骨质疏松 ……………………………………………………… 148
　　六、颈椎病 ………………………………………………………… 148
　　七、肥胖 …………………………………………………………… 149
　　八、帕金森病 ……………………………………………………… 149

第九章　老年人体育服务保障体系 ……………………………… 151
第一节　老年人体育活动设施的建设与管理 …………………… 152
　　一、影响老年人体育设施选择的因素 …………………………… 152
　　二、老年人体育设施的设置要求 ………………………………… 154
　　三、老年人体育活动场地设施的建设 …………………………… 156
　　四、全民健身路径 ………………………………………………… 159
第二节　老年人体育活动的组织与管理 ………………………… 162
　　一、老年人体育活动的相关组织机构 …………………………… 162
　　二、社区老年人体育活动的组织实施 …………………………… 164
第三节　全民健身体质监测的建设 ……………………………… 164
　　一、构建全民健身体质监测体系的作用 ………………………… 165

二、全民健身体质监测体系的工作任务 …………………… 165
第四节　老年人的体质测评 166
一、老年人为什么要进行体质测评 ………………………… 166
二、老年人体质测评的内容 …………………………………… 168

第十章　老年体育产业 …………………………………… 171
第一节　我国老年体育产业的概况 ………………………… 171
一、老年产业是新型的朝阳产业 …………………………… 172
二、我国老年体育产业发展的可行性 ……………………… 172
三、老年体育产业发展中存在的问题 ……………………… 173
四、老年体育产业发展策略 …………………………………… 174
第二节　老年人体育产业发展研究 ………………………… 175
一、老年人体育消费研究 ……………………………………… 175
二、老年人的体育消费行为 …………………………………… 177
三、发展老年体育旅游产业 …………………………………… 179
四、发展老年体育用品业 ……………………………………… 181

第一章　老年学与老年体育学

第一节　老年学概述

　　老年学是一门研究与老年人口有关的各方面问题的多学科性边缘科学，涉及的学科包括老年生物学、老年社会学、老年文化学（含老年教育学）、老年心理学、老年运动学、老年预防医学、老年医学等。它从各个方面解释人的衰老过程，说明影响人衰老过程的生物、社会、经济、自然等因素，综合概括从细胞衰老到机体衰老，从个体衰老到整个社会的老龄化现象及其固有规律，对诸多老龄问题进行综合研究，从而为解决老龄问题提供理论依据，以推动社会的进步和发展。

一、衰老与老年学

衰老与长寿、疾病、死亡的关系密切，人们对衰老的直观认识使其早在远古时代就已经开始为延年益寿做不断的努力。前人记录了他们的丰富经验，为后人的研究积累了宝贵的财富。人类衰老的奥秘是老年医学研究的核心内容，由于老年医学本身的复杂性、特殊性和多样性，使人类对于衰老的本质一直处于不断研究中。

随着经济的飞速发展和人们生活水平的不断提高，世界各国人口的构成发生了明显变化，老年人占总人口的比重在攀升，由此带来的社会问题成为当今世界各国关注的重要问题。同时，生存的愿望和迫切认识衰老本质的心理是促使人们对老年学研究最有影响力的因素。在这种情况下，老年学的研究内容和结构都发生了变化，研究领域向生物、心理、经济等各方面发展。于是，老年学成为一个结合生物学、医学、心理学、社会学等学科知识的多层次综合学科。

二、老年人的年龄划分

1. 历法年龄

历法年龄，也叫时序年龄，是以年为单位表示个体出生以后所经历的时间长短。按这种以日历计算年龄的方法，从出生后过一年即增一岁。这种划分法简单易行，但与实际相差甚大。这种方法仅是以日历为序，不能代表生理解剖、骨骼的实际年龄。还有一种虚龄，即 64 岁称 65 岁，农村老年人习惯报虚龄，这种年龄比实际年龄要大 1~2 岁。由此可知，历法年龄只表示人们在世界上存活的年数，并不反映人体真实的健康状况。

2. 生物学年龄

生物学年龄，是根据正常人体生理学和解剖学的发育状态推算出来的，生物学年龄作为衰老程度的度量，由生物个体的功能状态来确定，其大小应同人群中同一功能状态人们的时序年龄的统计平均值来确定。

由于遗传、后天条件等不同因素的影响，有的人历法年龄大，但机体结构和功能衰老得慢，表现出的生物学年龄小，看上去显得年轻；有的人历法年龄虽小，但机体结构和功能衰老较快，表现出的生物学年龄大，看上去显得年纪大。

生物学年龄表示的是人体组织结构和生理功能的实际衰老程度。如果生物学年龄大于时序年龄，说明个体加速衰老；如果生物学年龄小于时序年龄，说明个体推迟衰老。生物学年龄与时序年龄既有联系又有区别。生物学年龄取决于机体的功能和结构的衰老程度，受个体出生后经历时间长短以及先天因素和后天因素的影响；时序年龄取决于个体出生后经历时间的长短。一般来讲，生物学年龄随着时序年龄的增长而增长，但是每个个体表现不同，即使同一个体，各种器官的功能与结构的退行性变化也不同；同一种群的各个个体中，同一器官的老化速度有所不同。

Comfort设计了一种用以测定个体生物学年龄的测量方法，它被认为是确定老年人生物年龄的一种经典方法。这个测定方法从各个角度对人体的实际功能状态进行评价，具体指标如下：

① 人体测量指数：站高、坐高、躯干长、肩宽、身体质量、头发灰度。

② 生理测试指数：肺活量、血压、心脏大小、握力。

③ 骨、结缔组织检查：骨质疏松检查、皮肤弹性检查、钾和钙检查。

④ 神经检查：视觉敏感度、黑适应、音叉测验、听觉测验。

⑤ 生化检查：血清胆固醇、血清蛋白、血清铜元素、血清弹性酶、RNA 酶。

⑥ 细胞学特点检查：淋巴细胞 RNA/DNA、血清生长因子、自动抗体滴度。

⑦ 智力检查：韦氏成人智力测验、数字延续测验、数字符号测验、词汇测验。

⑧ 心理生理检查：反应时测验、光距测验。

3. 心理学年龄

心理学年龄，是根据智力测验量表测验出来的智力单位的高低而计算出的年龄,用来表达心理活动所处的阶段。它分为三期:从出生到19岁为未成熟期,20~59岁为成熟期,60岁以上为衰老期。60岁以上就算是老年人。处境优越、经济富裕、家庭和睦、性情乐观开朗者与处境艰难、经济拮据、家庭人际关系紧张、性情抑郁悲观者的心理年龄存在差异;心理年龄也影响人们对自己老年状态的认识。

时序年龄大的人,由于心情愉快、生活充实,可以永葆年轻的心理状态;时序年龄小的人,由于抑郁不安、内心孤独,其心理年龄往往表现为比一般人大。

综上所述,人的时序年龄的增长是一种客观现象,每年都会增长一岁,它与个人主观意愿、行动等无关;人的生理年龄,可以通过体育锻炼、补充营养、塑造乐观豁达的性格等推迟其增长;若要保持"老而不衰"的心理年龄,就要树立正确的人生观,增强社会适应性,并保持积极向上的精神。

老年学主要研究老年期的机体变化,人口老龄化问题日益严重,各国平均寿命期望值差异很大,国际上对老年人的年龄划定标准也各有不同。世界卫生组织将老年期年龄划分为:45~59岁的人群称为老年前期,60~74岁的人群称为年轻老年人,75以上的才称为老年人,90岁以上的人群称为长寿老人。我国地处亚太地区,一般将60岁以上的人称为老年人。就年龄阶段而言,45~59岁为老年前期,称之为中老年人;60~89岁为老年期,称之为老人;90岁以上为长寿期,称之为长寿老人;而100岁以上称百岁老人。

第二节 人口老龄化和老年体育人口

人口老龄化是指老年人在总人口中所占比重较高的社会现象。老龄化社会的到来,说明了人类的寿命在延长,标志着社会有了长足的进步,也意味着人口结构发生了变化。由于我国人口老龄化的出现早于现代化,"未富先老"和"未备已老"的特征日益凸显,老年人面临着贫困、疾病、失能，缺少被服务、照料和精神关爱等诸多困难和问题，研究和解决这些问题成为当今我国不容忽视的社会问题。发展老龄事业，倡导健康文明的生活方式，满足老年人日益增长的多方面需求，切实提高老年人的生活、生命质量，既是我国政府的重要任务，又是全社会的共同期待。

一、人的寿命

"寿命"一词在《辞海》的释义是"生命，生存的期限"。寿命是指从出生经过发育、成长、成熟、衰老，在机体死亡前的生存时间。年龄是衡量寿命长短的尺度。"平均寿命"，亦称为"平均预期寿命"或"平均期望寿命"，是比较不同时期、不同地区和不同社会的人的寿命的指标之一。随着社会的不断进步，医疗卫生服务水平不断提高，人类的寿命在不断地延长。

二、人口老龄化及其划分标准

人口老龄化是人类社会进步的一个表现，因为只有社会生产力发展并达到某一水平后才会出现人口的相对老化。法国是关注人口老龄化最早的国家，1900年法国65岁及以上人口比例达到了8%，这是生育率下降到更替水平的结果。

人口老龄化是人口结构转变的必然结果。目前世界上不同发展水平的国家，其人口年龄结构存在差异。20世纪的老龄化主要发生在发达国家，进入21世纪，越来越多的发展中国家进入老龄化，而到21世纪中叶，几乎世界上所有的国家都将进入老年型社会。

世界各国人口平均寿命的差异较大，老年人的年龄划分标准尚未完全统一，因此，综合目前人口老龄化的划分标准，可以归纳为以下三种：

（1）有些发达国家和地区以65岁以上为老年人，其划分标准是：老年人口占总人口百分比（以下简称老年人口系数）在4%以下，属于青年型；4%~7%属于成年型；7%以上属于老年型。

(2) 发展中国家通常以 60 岁以上为老年人，老年人口系数低于 8％属于青年型，8％～10％属成年型，10％～12％属老年型。

(3) 进行综合评价，包括三个指标：一是老年人口（65 岁以上）系数，二是少年人口（15 岁以下）系数，三是人口年龄中位数。65 岁以上老年人口系数在 4％以下，15 岁以下少年人口系数在 40％以上，人口年龄中位数在 20 岁以下，属青年型；65 岁以上老年人口系数在 4％～7％，15 岁以下少年人口系数在 30％～40％，人口年龄中位数在 20～30 岁，属成年型；65 岁以上老年人口系数在 7％以上，15 岁以下少年人口系数在 30％以下，人口年龄中位数在 30 岁以上，属老年型。还有学者提出，老年人口（65 岁以上）系数在 5％以下，少年人口（0～14 岁）系数在 40％以上，中年人口（15～64 岁）系数为 55％，属青年型；老年人口系数为 5％～10％，少年人口系数为 30％～40％，中年人口系数为 55％～60％，属成年型；老年人口系数在 10％以下，少年人口系数在 30％以下，中年人口系数在 60％以上，属老年型。

社会老龄化的成因是十分复杂的，既是因为人类衰老推迟、寿命延长、死亡率明显下降，又是因为出生率下降，导致的人口年龄金字塔"底部老化"。由于死亡率、出生率下降，使社会上青年人口数量减少，老年人口数量增多，从而导致社会老龄化。

三、人口老龄化发展趋势

人口老龄化是社会发展和人口数量比例变化带来的一种现象。

1. 世界人口老龄化发展趋势

按照世界卫生组织的标准，当一个国家或地区 60 岁以上的人口数占总人口数的百分比超过 10％，或者 65 岁以上的人口数占总人口数的百分比超过 7％时，称为"老龄化国家"；当 65 岁以上的人口数占总人口数的百分比超过 14％时，称为"老龄国家"。

世界人口老龄化的发展趋势具有的特征为：①人口老龄化速度普遍加快；②发展中国家老年人口快速增长；③人口老龄化区域分布不均衡；④人类平均寿命不断延长；⑤女性老年人口增长比例加大。

2. 我国人口老龄化发展趋势

根据《中国老龄化发展趋势预测研究报告》，中国在1999年底已经进入老龄社会。我国作为发展中国家中第一个进入老龄社会的国家，其人口老龄化的特征有：①老龄人口绝对值为世界之冠；②人口老龄化发展速度快；③现阶段人口老龄化速度快于经济发展速度；④地区间人口老龄化程度不一；⑤老年人口高龄化趋势明显。

人口老龄化影响国家的核心竞争力。21世纪，为了提高国家的综合竞争力，我国必须将人口老龄化问题作为重要问题认真对待，树立防老和助老意识，增强应对人口老龄化和老龄社会所带来挑战的各方面能力。可喜的是，我国的老龄事业取得了显著的成就。

四、积极应对人口老龄化的基本方针

延年益寿是人类社会每一个生命个体的最高追求，也是人类千百年来不断研究的重大课题。人口老龄化对各国的社会经济都产生了很大的影响，正确解决好老龄化带来的矛盾和问题是当今"养老"工作必须面对的基本问题。国际上针对"积极养老"形成了两个基本概念，即"健康老龄化"和"积极老龄化"，这被认为是积极应对人口老龄化的基本方针。

1. 健康老龄化

世界卫生组织于1990年提出实现"健康老龄化"的目标。健康老龄化立足于老年人身心健康的统一，既追求人类寿命的延长，又追求老年人生活质量的提高。其目标在于不断缩短临终前需要照料的时间，减轻痛苦，最终实现老年人的无疾而终。

（1）健康老龄化的要求

老年人已经成为一个庞大的特殊群体，我们既要看到老年人需要关怀照顾的一面，更要看到老年人仍然是充满活力的社会群体的一面。健康老龄化的本质要求就是实现老年人生活自理，并且能积极参与社会活动和社区建设，又能够保持乐观向上的积极心态。因此，健康老龄化，就是要在社会老龄化的背景下，通过全社会的共同努力，改善老龄群体的生活和生命质量,实现健康老龄化社会,使老年人健康幸福地度过晚年生活。具体有以下五个方面的要求。

① 充分保障的生活。老有所养是健康老龄化的基础,也是老有所乐、老有所为的前提。切实依法保障老年人的合法收入,落实赡养义务和责任,发展社会养老福利事业,是充分保障老年人生活的基本要求。

② 周到的医疗服务。在建立社会医疗保险体系的基础上,积极发展社区老人卫生事业,健全社区卫生网络,设置家庭病床,方便老人就医,形成以预防为主的医疗服务机制,是保证健康老龄化目标实现的重要手段。

③ 优化居住环境。改善老年人的居住条件和生活环境,并且要逐步改变老人居住需要迁就于小辈居住需要的传统观念和习惯。老年人生活在舒适的环境中,是实现健康老龄化目标的重要条件。

④ 形成尊老氛围。老年人的身心健康与家庭和社会环境密切相关,家庭和社会形成尊老的风气,使老年人生活在一个温馨的环境内,更能够获得晚年生活的幸福感。形成养老、敬老和爱老的氛围,其实质是精神文明建设在健康老龄化中的重要反映。

⑤ 丰富文娱事业。老年人的世界是丰富多彩的,老年人同样需要与其相适应的老年教育、文化、体育及娱乐等各方面的活动。拓展健康向上的老年人文娱事业,是实现健康老龄化的重要内容。

(2) 健康老龄化的现实意义

① 减轻老龄化的压力。所谓"健康老龄化",已不再是过去简单地追求长寿,而是要延长健康寿命,将生活不能自理的时限压缩到最短。提高老年人健康水平,增强他们的自理能力,减少生活不能自理的老人数量和时间,这样会减少社会负担,从而大大减轻人口老龄化的压力。因此,健康老龄化的意义重大,对于这项工作,全社会都有责任,而老年人自身及其家庭应负有更大的责任。

② 更大程度地发挥人力资本作用。老年人如果保持身体健康,就可以延长工作时间,继续为社会做出贡献,更大程度地发挥人力资本的作用。这样做,不仅可缓解社会劳动力短缺的压力,还能减轻国家对于医疗保险的投入。老年人更多地参与社会,不仅有利于他们自身的健

康，还有利于建立良好的代际关系，促进社会的和谐发展。

2. 积极老龄化

在健康老龄化理论基础上，国际社会积极应对世界人口老龄化问题，进行新的理论和实践的科学探索，提出"积极老龄化"的概念。1997年6月召开的西方七国丹佛会议，曾提出过"积极老龄化"的主张。1999年5月，欧盟召开了积极老龄化国际研讨会。在1999年国际老人年期间，世界卫生组织发起和开展了一场"积极老龄化全球行动"。在这一年的世界卫生日，世界卫生组织提出了"积极老龄化"的口号。积极老龄化就是"尽可能增加健康、参与和保障机会的过程，以提高人们老年时的生活质量"，这里强调了健康、参与和保障三个支柱。积极老龄化表达了比健康老龄化更为广泛的意思。"积极"一词不仅仅指老年人身体的活动能力或参加体力劳动，而且指老年人不断参与社会、经济、文化等活动和公民事务。积极老龄化的目的在于使所有年龄组的人们包括那些体弱者、残疾和需要照料者，延长健康预期寿命和提高生活质量。

从健康老龄化发展到积极老龄化，其内涵也被丰富了。健康老龄化是针对老年人处于疾病的高发期，强调的是身心健康及良好的社会适应能力，即人在步入老年后，身心等各方面尽可能长久地保持良好状态，健康地走完一生。积极老龄化既包含了健康老龄化的意思，又具有比健康老龄化更加广泛的意义。积极老龄化强调的是一个过程，在这个过程中，老年人为了提高生活质量，使健康、参与和保障这三个支柱尽可能获得最佳状态。

五、体育人口的概念及其判定标准

体育人口是经济和社会发展到一定历史阶段的人口现象和体育现象，是随着大众体育热潮兴起而被采用的一个新概念，也可以用来研究人口质量和社会生活质量。体育人口是一项重要的群众体育指标，反映了人们对体育的参与程度及亲和程度，也是经济和社会发展程度的一个标志。

1. 体育人口的概念

"体育人口"这个概念最先由日本社会学家竹之下休藏和菅原礼于

20世纪60年代提出。国内外学者对于体育人口的看法各有不同。综合归纳之，体育人口指的是在一定时期、一定地域内，经常从事身体锻炼、健身娱乐，接受体育教育、参加运动训练和竞赛以及其他与体育事业有密切关系的、具有统计意义的一种社会群体。它是以体育为重要特征的，具备人口规模、人口结构、人口空间分布三要素的一种特定类型的亚人口。直接参加各种体育活动，即具有亲身体育实践，是体育人口的基本特征。他们通过采取某种特定的身体练习方法，达到强身健体的目的，即增强体质、增进身心健康，提高运动技能，改善生活方式，促进人的全面协调发展。

统计体育人口的总数非常重要，而对体育人口的年龄分布、性别分布、地域分布和职业分布做深入的探讨则更有价值，它可以为进一步增加体育人口数量提出具体方案。不同人口类型的国家，就会出现不同类型的体育人口分布。对体育人口地域分布的研究，主要侧重于城乡体育人口、经济发达地区和经济落后地区体育人口的比较。根据我国人口分布的实际情况，农村、内陆地区体育水平相对落后，体育人口分布呈以大中城市和沿海为中心而梯度减少的特征，这是提高我国体育人口数量不可回避的问题。此外，不同地理环境及气候条件对体育人口的增长和发展都会产生一定的影响。

2. 体育人口的判定标准

必须制定出可量化的、可操作的体育人口判定标准，以便对体育人口进行统计、研究与国际比较。由于判定体育人口的参数比较多，如参与者自身的初始健康状况、年龄性别、选择活动的方式、活动频度（即每周锻炼的次数）、每次活动时间、活动时的负荷强度、活动后的实际健身效果等，因此制定一个客观、科学又便于操作、统计的统一判定标准非常困难。

国际上判定体育人口的标准差异较大。考虑到我国整体人口数量大、体育发展水平相对不平衡的现实情况，在确定我国体育人口的判定标准时，我们认为下述判定标准是符合我国多数居民实际情况的，是可行的。

① 每周身体活动频度3次（含3次）以上。

② 每次身体活动时间 30 分钟以上。
③ 每次身体活动强度中等程度以上。

第三节　老年体育学概述

一、基本含义

体育对老年人的晚年生活影响之大、吸引力之强、作用之广泛，是其他社会文化活动所不能比拟和代替的。特别是根据我国"未富先老""未备已老"的特殊国情，大力发展老年体育健身事业，不仅是广大老年人的迫切希望，更是国家积极应对人口老龄化的重要举措。广泛开展好老年人体育，提高老年人健康水平，创造丰富多彩的老年人群体精神文化生活，是关系到国计民生、安邦定国的大计。

老年体育指的是老年人群体为了实现健康生活所直接或间接参与的体育活动。老年体育不仅是老年人增强体质、愉悦身心、丰富生活的重要途径，也是老年人展示精神面貌和多彩人生，增强自尊、自信，形成自强、自立品质的重要激励方式，更是营造尊老敬老、爱老助老社会氛围的重要手段，是向世界展示我国经济社会发展成就、彰显人权保障和社会文明和谐的重要途径。老年体育是实现"不分年龄，人人共享社会"的重要方式之一。

老年体育学包括对老年体育基础理论、老年体育法规政策、老年体育组织、老年体育场所、老年体育运动项目、老年体育竞赛、表演、培训等诸多内容的研究，是社会各界、广大老年人体育理论与实践活动的总称。根据《中华人民共和国体育法》的规定，中国体育可划分为竞技体育、社会体育、学校体育三部分，而老年体育是社会体育中的一个重要组成部分。老年体育学正是研究老年体育运动内在规律，指导老年人科学利用体育的手段，促进身心健康，达到延年益寿的一门新兴学科，是 20 世纪 80 年代以来老年体育运动蓬勃发展的实践结晶和理论总结。

它作为现代体育的一门新学科,是从老年学、体育学、生理学、心理学、社会学等各学科的基础上发展起来的一门综合性的交叉学科。

二、老年体育的性质

老年体育是康乐体育,目的是抗衰老,总目标是实现健康的老龄化。科学研究表明,人进入老年以后,身体的形态和功能不可避免地出现衰老,尽管衰老的总趋势是不可逆转的,但每个老年阶段,每个个体的衰老速度不是一成不变的,是可变的。每个个体衰老速度除受遗传因素影响外,还与营养、心情、运动等因素相关,这就是老年体育抗衰老的内在根据。健康的老龄化就是要使老年人经过科学文明的体育锻炼,保持老年人与自己年龄阶段相适应的健康状况,把卧床不起和不能自理压缩到人生尽可能短的时间之内。有人提出,老年体育的最高理想是使每个老年人达到无疾而终。

老年体育的康乐性质决定了选择开展的各项老年体育项目、各类比赛、表演、培训活动等,必须是既符合老年人的心理和生理特点,又能满足老年人增强体质、愉悦身心的基本要求。任何影响老年人康乐的因素都应力争排除或降低到最低程度。

三、老年体育学的任务

老年体育学的任务是运用现代科学理论,继承和发扬中华传统养生文化的精华,研究老年体育运动的内容和形式。根据老年人的生理、心理特点指导老年人参加适宜的体育活动,指导患病老年人选择适宜的体育锻炼项目,分析老年体育组织的情况以及运作规律等,从中找出推动老年人体育活动发展的内在规律和运作机制,以指导广大老年人科学文明地参加健身活动,促进老年体育事业健康持久的发展。

四、老年体育活动的特征

1. 老年人体育协会的建立

老年体育是在各级老年人体育协会的具体组织推动下大规模开展

的。特别是从20世纪80年代中叶，由中央到地方乃至乡镇街道、村庄、工厂，在各级政府的关怀和重视下，由各级老干部组织和体育主管部门组建了从上至下的老年人体育协会。各级老年人体育协会根据各自的具体情况，不断开拓工作思路，选择推广老年体育项目，培训骨干，组建各种老年体育组织，开展各种类型的老年体育活动，引导广大老年人走上科学文明健身之路，不断扩大老年体育人口规模，让老年体育成为群众体育的生力军，成为全民健身的表率。

2. 老年体育的主要活动形式

晨练、晚练活动是老年体育的主要活动形式。中国老年体育项目的起步，从花钱少、容量大、对场地器材要求相对较低的晨练和晚练活动开始。老年晨练活动在20世纪80年代中叶，逐步在中国各大中小城市出现，现已形成老年体育锻炼大军。老年体育活动成为衡量一个城市精神文明发展程度的标志之一。

3. 老年体育项目的基本要求

老年体育项目内容丰富，形式多样，其共同特点是低对抗性、小运动负荷、低强度和高趣味性。只有同时具备上述特点的体育项目或者经过改造可以达到上述要求的体育项目，才能适合广大老年人的心理、生理特点，才能得到广大老年人的喜爱，从而被选择为常年坚持的健身、表演和竞赛的项目。

当前在中国老年人中广泛开展的项目大致可以分为三种类型：一是老年竞赛项目，如台球、门球、乒乓球、地掷球、棋类等，都具有简要的比赛规则和一定的竞争性，可以在中低龄老年人举办竞技比赛，以推动老年人参加体育锻炼，扩大老年体育的社会影响，此类项目的组织与竞技体育比赛比较接近，但有本质的区别；二是医疗健身类项目，如各类气功、太极拳、各种保健功法、保健操等，此类项目被广大老年人采用为常年坚持的保健健身项目，成为生活中重要的组成部分，也可以作为大型表演项目，以此推动老年体育的发展；三是休闲项目，如钓鱼、飞镖、散步、登山及趣味性的体育项目等，在茶余饭后进行这些项目，可丰富老年人的晚年生活。

五、老年体育活动的基本指导原则

1. 坚持科学锻炼原则

坚持科学锻炼原则就是要一切从老年人生理、心理特点出发。这条原则贯穿在老年体育规划、项目选择、骨干培训、竞赛组织、表演展示等一切老年体育活动过程中。上述一切活动都要考虑到老年人生理、心理特点,要符合老年人的活动需求,并以坚持科学锻炼原则作为活动的出发点。

坚持科学锻炼原则首先要求人们认真深入地研究老年人生理、心理特点和体育运动的一般规律。老年人是一个群体概念,每个老年人个体的生理、心理特点有很大差别。老年体育工作者首先要从这繁杂的个性差别中观察归纳出一般规律。尽管每个个体的差别很大,但随着年龄的增长,老年人体质、体能递减的总趋势是客观存在的。衰老的总趋势中,不同阶段老年人可呈现出生理、心理的阶段性变化,这些阶段性变化直接影响老年人对老年体育项目的选择和负荷强度、负荷量的承受能力,从而对体育兴趣发生变化,进而影响整个老年体育工作的健康发展。因此,研究不同年龄阶段老年人的生理、心理特点,是老年体育工作的首要任务。只有了解掌握了这些特点,才能有针对性地指导老年人科学地锻炼。

另外,研究老年人群的一般特点只能对开展老年体育活动提供一般指导思路,而根据每个老年人的生理、心理特点来指导选择体育项目,制订锻炼计划,组织健身活动,才能真正落实科学锻炼的总体要求。根据老年人坚持科学锻炼的原则,要求老年人参加体育锻炼应持之以恒,每天在室外活动的时间应尽量达到1~2个小时。任何科学锻炼的方法手段,都需要持之以恒形成习惯来作保证。

2. 面向全体老年人的原则

面向全体老年人的原则是党和国家关心爱护老年人的政策在老年体育领域中的具体表现。大规模的老年体育活动,尽管是20世纪80年代由老干部、老知识分子、老职工首先发起,但它不仅仅局限在"三老"

范围之内。进入20世纪90年代，老年体育活动迅速向全体老年人扩散传播，首先在大中城市形成老年人健身的热潮，逐步向部分富裕乡镇、乡村传播，广大农村的老年人也开始参加老年体育活动，为老年体育事业增添新的成员和动力。老年体育面向全体老年人的原则，要求各老年体育组织在建立工作总目标时，都要以全体老年人作为工作的目标，要摆脱竞技体育的影响，实施全民健身计划纲要，在选择的项目上要使一般老年人都能够承担。

3. 方便老年人的原则

老年体育活动的开展，要根据每位参加体育活动的老年人的年龄、体质、兴趣爱好选择项目，决定负荷量、负荷强度。各项活动的安排组织要视具体情况灵活掌握，没有固定的模式。老年人在气候适宜的时候到空气新鲜、环境优美的地方进行户外活动，还可进行适合自己体质的科学文明的健身活动。只有遵循因人、因地、因时制宜的原则，老年体育才有可能广泛持久地开展起来。

老年体育需要通过老年竞赛活动和表演活动来推动普及，以检验运动技术水平，扩大社会影响。作为持之以恒的健身活动，必须以小型分散为主，方便老年人就近参加。一般说来，老年辅导站（点）、活动室、锻炼队应该在老年人住地小区周围的公园、附近院落的空地等活动场所，这样既不影响小区居民的休息，又能使老年人就近参加体育锻炼。

4. 营造轻松祥和气氛的原则

老年体育竞赛和表演活动，要摆脱竞技体育的影响，重在强调参与意识，营造轻松祥和的气氛。老年体育需要竞赛活动，是竞赛就有竞争、有胜负，但老年体育竞赛活动的目的不是夺锦标、争胜负，而是为了推动普及体育活动，提高运动技术，是为增强老年人体质总目标服务的。比赛为老同志增添切磋技艺、交流感情、增进友谊的机会，要在大会组织比赛规程、制定规则、比赛时间的安排、规章制度的建立和执行过程中，始终强调重在参与、风格第一、友谊第一的原则。应把老年竞赛活动搞成老年人相互交流感情和技艺的盛会，使老年人通过比赛会见老朋友，结交新朋友，在轻松祥和的氛围中，陶冶身心，升华感情。

5. 健康、安全第一的原则

由于老年体育是康乐体育，老年体育活动的最终目的是促进老年人身心健康水平的提高，因此在组织各种老年体育活动时，不论是经常性的活动，还是表演竞赛，都必须树立健康第一、安全第一的意识，这也是衡量老年体育组织工作水平的首要标准。这要求组织者周密筹备、精心组织，做好每一个环节的工作，确保老年人的人身安全和健康不受损害。

在规程编排、比赛和表演中要特别强调贯彻安全第一的原则。各种老年竞赛活动一般不要超过3～5天，每节比赛不要超过3小时，老年运动员每天出场次数不超过2次。每次活动要求老年运动员在报名前必须经医生查体，证明身体健康。在比赛和表演过程中，发现老年运动员出现异常，允许休息，中途可停止比赛，可以更换队员，以确保安全。活动前要做好场地器材的安全检查，如钓鱼不要安排在水岸陡峭的地方，要把防止老年运动员落水、溺水作为准备工作的重点。

活动举办方要提醒老年运动员注意交通、食宿安全和财物防盗丢失等问题，比赛现场要有医务人员并备有急救药品和器械。只有把竞赛和表演全过程的各个环节的安全问题都注意到，做好防范，才能确保各项表演、竞赛活动的顺利进行。

6. 节俭原则

老年体育要本着节俭的原则。中国的老龄化进程是在中国社会经济相对不发达时期到来的，老年体育的筹资渠道还没有完全独立，老年体育经费不足将是长期的现象，因此各种老年体育活动必须实行节俭的原则。首先在选择项目时，要把花钱少、容量大、对场地器材要求较低的项目作为首先选择推广的项目。在各类老年体育活动中要精打细算，力求少花钱多办事，不花钱也办事，通过各种关系借用多种现有场地、场所开展老年体育活动。每次活动必须杜绝铺张浪费、大吃大喝、讲排场，与比赛无关的活动要精减，倡导一种简洁高效的老年体育新风尚，使老年人在廉洁、祥和、清新的气氛中参加竞赛和表演活动。只有贯彻节俭原则,才能使有限的经费和老年体育资源发挥最大的效用,最大可能、最大规模地推动老年体育活动深入持久地开展下去。

六、老年体育在社会活动中的作用

体育活动作为上层建筑中特殊形态的社会活动,是在一定经济基础上发展起来的,又反作用于经济基础。老年体育对提高老年人健康水平,帮助老年人形成新的生活方式,起着其他活动不可替代的作用。

1. 老年体育是老年人晚年生活的重要组成部分

随着社会物质生活条件的不断改善,越来越多的老年人认识到健康在提高生活质量中的基础作用,如何保持健康的身体和心理是广大老年人首先考虑的问题。参加老年体育活动,不仅可以有效地提高身体健康水平,而且对陶冶情操、保持稳定愉快的心理状态能起到其他活动不可替代的作用。在城镇已有60%的老年人把每日坚持进行体育活动作为晚年生活中的重要组成部分,形成了新一代老年人的崭新生活方式。对于形成体育锻炼习惯的老年人来说,不论是由于客观或是主观上的原因而中断或减少了他们的体育活动,对他们来说是莫大的损失和遗憾。广大老年人参加体育锻炼的愿望和迫切要求,是老年体育事业发展的基本动力。

2. 老年体育是老龄工作的组成部分

老龄工作是党和政府的一项重要工作。老年体育是老有所学、老有所乐的重要内容,老年体育搞好了,可以减轻老有所养、老有所医的负担,为老有所为提供健康的身体基础,使广大老年人发挥余热,造福于家庭和社会。老年体育工作是为实现党的老龄工作总体目标服务的。中国老年体育事业的发展是广大老年人在党的老龄工作政策、方针指引下,实现健康老龄化的光辉实践。事实已经证明,在各级党委、政府领导下,经过各级老年体协的共同努力,已形成了老年体育教育组织和社会保障体系,对推动社会稳定和进步发挥着越来越大的作用。

3. 老年体育是精神文明建设的窗口

老年人常年坚持的晨练、晚练活动,经常举办的老年体育表演竞赛活动，遍布城乡的老年体育辅导站、活动室，推动着老年体育向前发展，成为一个地区、一个城市亮丽的人文风景线。老年体育活动，已经成为衡量一个地区、一个城市精神文明发展程度的标志和窗口，通过这个窗口，人们可以看到一个地区、一个城市老年人的整体健康水平和精神风貌。

七、老年体育对推进健康老龄化的作用

1. 促进老年人身心健康，建立科学文明的生活方式

衰老和疾病虽不可避免，但可以通过某种途径来延缓机体的衰老或预防疾病的发生。体育作为一种中介，可延缓机体的衰老并促进健康水平的提高，从而促使人口老龄化向健康老龄化发展。体育锻炼作为老年科学文明生活方式的重要手段，它不仅可以增强老年人身体各个系统的功能，通过一些运动项目的锻炼，还可以强化老年人的肌肉、骨骼，提高老年人的心血管系统功能及抗病能力，从而可减少患病率，为家庭、国家节约大量的医疗费用开支，降低社会保险金的支出。同时，体育活动举办地还可以成为老年人进行社会交往、情感交流的场所，通过扩展老年人的生活空间来调节老年人的心理，使老年人在运动中愉悦身心、缓解不良情绪，从而保持良好的心境和乐观的情绪，以积极乐观的态度享受生活，并更快适应社会角色的转变，不会因离退休而变得孤独和忧虑，使老年人度过一个幸福的晚年生活。随着社会经济的发展以及老年人闲暇时间的增多，以休闲、娱乐、健康为主要特征的老年体育已成为老年人闲暇生活中不可或缺的一部分，这不仅能促进"老年体育趣缘群体"的形成，而且能在一定程度上使老年人形成科学、文明的体育生活方式。

2. 促进老年人继续社会化，培养良好的社会适应能力

许多传统的理论认为，人到了老年期，应以享受为生活目标而不再需要社会化了。老年人作为一个特殊的群体，离开了生产和工作的第一线，离开了他们熟悉的能发挥作用的某些社会交往圈层而因此失去其所担任的角色，从而降低了他们对社会的潜在影响。体育场所作为老年人

的"第二空间",可为老年人提供情感交流的平台,在体育活动中还可使老年人恢复失去的某些社会角色,为其继续社会化提供一个非常好的机会,以发挥老年人的潜能,使其为社会继续做出贡献,有助于社会健康稳定的发展。此外,老年人的体育活动实际上是老年人的一个社会参与过程,在这一过程中可以得到自我价值的实现。部分学有专长的老年人可以在体育活动的开展过程中发挥余热,起到组织、协调、管理、指导、服务、医务监督等作用,这不仅能促进老年体育健康有序的发展,更重要的是在这一过程中能使其自我价值得以实现,真正做到老有所为。

3. 促进家庭代际和谐,营造和睦的家庭生活

中国自古以来都传承儒家文化关于个人修养的伦理道德。在家庭伦理中人们非常注重"孝道"。孝,是中华民族的传统美德,是几千年来维系家庭和谐的重要伦理支柱。在这种观念下,老年人很在乎儿女是否孝顺、贤德,因为人到晚年对家庭的依赖日趋增大,身体功能方面的退行性变化和社会角色转换所带来的许多问题,非常需要家庭和社会给予更多的照顾。然而,为老年人提供一段时间的照顾之后,照顾者的情感和身体压力会增加,还会加重照顾者的经济负担、社会负担,甚至引发家庭成员之间的冲突。而经常参加有益的老年体育文化活动的老年人,能将一些生活、情感上的负面情绪在体育活动中化解,还能提高他们的健康水平,减少对家庭和社会的依赖,从而促进家庭和睦、代际和谐,使家庭成员能够全身心地投入到工作和学习中去,推动整个家庭朝着健康、向上的方向发展。很多身体较为健康的老年人在家中还可承担一些家务劳动,为其家庭成员解除后顾之忧,也可以促进家庭、社会的和谐。

第二章 老年人的特征

21世纪是人口老龄化的银龄世纪。老年人由于生理上的衰老，身体功能衰退，应变能力降低，修复能力下降，急慢性损伤及后遗症也随之增多。高龄社会的发展，使得人口比例发生了变化，这种变化对社会产生的影响是广泛的，同时对整个社会而言，既是机遇也是挑战。本章介绍了老年人的生理、心理、社会、人格方面的特征，分析了人口学变化对社会产生的影响。

第一节 老年人的生理学特征

衰老问题是人类面临的一个重要问题，衰老是一种正常的生命过程，这是因为生物都要经过生长、发育、成熟、衰老及死亡的过程。人类的生长发育在 20~25 岁达到成熟期，个别的器官成熟较晚，在 30 岁左右至成熟期，各种生理功能达到最佳状态。此后，机体的形态结构、代谢功能、生理功能逐渐出现生物衰老表现。一般在 20~30 岁时衰老速度较缓，至 60~65 岁衰老速度加快。此外，个体衰老速度差异较大，有的人 60 岁已老态龙钟，有的人仍精力充沛，而且同一个体的不同系统、各器官的衰老速度也不同步。这种差异与遗传、营养、职业、生活方式、体育锻炼、文化程度、心理状态、环境因素及社会因素等有关。

一、形态结构及代谢功能的变化

1. 形态结构的变化

生理功能的变化与形态结构的变化密切相关。形态结构的变化一般在 50 岁后逐渐明显，其变化与遗传、性别、职业、环境及生活方式等的影响有关。40 岁后因出现骨质疏松，脊柱的椎体因承受体重而被压缩，椎间盘组织萎缩，脊柱弯曲度增加出现驼背，双下肢管状骨弯曲等，导致身高逐渐降低，降低明显者可达 3~6 厘米或更多，以女性为甚。一般人到老年期体重逐渐降低，但有的老年人因体力活动减少、食欲佳，而致脂肪组织增加，体重变化并不明显，有的甚至增加。

2. 代谢的改变

随着年龄的增长，代谢速度会减慢。整体代谢组织的反应速度可以表达为代谢组织总量乘以单位代谢组织反应速度。代谢组织总量随年龄增长而逐渐减少，且组织代谢速度减慢，因此整体代谢组织的反应速度必然降低。除体内代谢组织外，还有非代谢组织，如脂肪、骨内矿物质、细胞外液等。青壮年期代谢组织约占整体组织总量的 60%，至老年期仅占约 30%。

二、各系统生理功能的特点

1. 呼吸系统

随着年龄的增长，胸廓活动度减小，胸腔前后径变大，横径变小，呈"桶状胸",胸腔容积缩小,胸腔顺应性降低,呼吸肌萎缩和肺弹性回缩力降低,使得肺活量减少,残气量增加。肺功能的下降使得老年人容易出现低氧血症,加之老年人呼吸储备功能下降,因而从事体力活动的能力也随之下降。

2. 消化系统

随着年龄的增长,消化系统中的器官会发生不同程度的解剖学和生理学的改变。这些改变明显地影响身体对营养物质的消化和吸收,影响老年人的健康,这也是老年人消化系统疾病发生的基础。老年人牙齿的牙釉质和牙本质长期磨损,使神经末梢外露,会引起对冷、热、酸性食物的过敏,从而引起酸痛。老年人还可能出现牙龈退化萎缩、牙齿松动甚至逐渐脱落,牙周膜变薄,牙根暴露,易患牙周病。他们的咀嚼能力明显下降,因而消化能力减弱。而且由于牙齿咀嚼功能大为削弱,老年人需依靠强化肠内消化弥补咀嚼消化的不足,这刺激了肠内菌群的发展,从而出现了一些腐败菌和化脓菌。此外,老年人的唾液分泌量减少,每天总量仅为年轻人的1/3,因此口干和味觉减退较为普遍,老年人的口味会变得比之前要重。50岁时,人的唾液中淀粉酶含量明显降低,从而影响了对淀粉的消化。

老年人易发生食管上段横纹肌运动障碍,主要表现为食管上段轻度的吞咽困难,可感觉到食物在咽喉后部不能下咽,有时必须用力才能使食物自口腔进入食管。老年人食管下段可同时发生很多无推进力的收缩,这种食道运动异常一般无症状,仅偶有胸痛和吞咽困难。

"人老胃先老",胃是人体内脏衰老的一面镜子。老年人胃黏膜上均有血管扭曲、血管壁增厚等退行性改变,这也是老年人胃黏膜萎缩的原因,属于半生理现象。胃黏膜的萎缩性改变随着年龄的不断增长,范围逐渐扩大,严重程度逐渐加重。此外,胃黏膜代谢率受血液供应的影响比较大。老年人因胃部血管扭曲和血管壁增厚导致血液供应减少,腺体萎缩,胃腺的多种细胞分泌功能低于年轻人。胃酸是在胃底部的壁细胞中形成并分泌到胃腔中,此过程需要消耗大量能量,能量主要来自糖的有氧化分解。老年人的胃在血液供应减少、缺氧情况下,壁细胞分泌胃酸所需的能量不足，再加上腺体萎缩，使得壁细胞分泌胃酸显著减少，甚至出现停止。研究发现，50岁以后，人体无论是基础胃酸还是组织胺激发的胃酸都明显减少；60岁后，基础胃酸甚至可能出现无酸状态。胃酸能够激活胃蛋白酶，提供胃蛋白酶发挥作用所需的环境，还可以杀死随食物进入胃的细菌，胃酸进入小肠后能够促进胰液和胆汁的分泌，酸性环境还有助于小肠对铁和钙的吸收。因此，胃酸缺乏可以造成老年人消化功能减退、胃肠道细菌感染、缺铁性贫血、骨质疏松等问题。胃蛋白酶是胃液中最主要的消化酶，适宜的pH值为2，随着pH值的升高，酶的活性降低，当pH值达到6以上时，胃蛋白酶则发生不可逆的变性，丧失水解蛋白质的作用。老年人的胃供血不足，黏膜腺体萎缩导致胃蛋白酶原转变成有活性的胃蛋白酶减少，从而导致蛋白质在胃中的水解消化能力下降。

老年人的小肠平滑肌变薄，收缩蠕动无力，导致消化能力下降。随着年龄的增长，小肠的糖吸收能力逐渐下降，对脂肪的吸收能力也逐渐下降，这可能与胰腺功能下降有关。值得注意的是，老年人对脂溶性维生素A、维生素K的吸收比较好，但是对维生素D的吸收能力明显减弱，对水溶性维生素B_1和维生素B_2吸收能力也下降，而对叶酸、维生素B_{12}的吸收能力降低可能引发贫血。衰老时，小肠对钙的吸收也下降明显，从而引发老年人的骨质疏松。

老年人经常遇到的一个肠道问题是便秘。便秘的原因往往与老年人结肠、直肠痉挛或结肠敏感性降低有关。结肠运动减少，使得肠内容物通过结肠时间延长，水分重吸收增加，粪质坚硬。此外，排便依赖于肠壁平滑肌、肛提肌、膈肌和腹壁肌的收缩，而老年人这些肌肉收缩力下降，粪便向前推进的动力不足。体育锻炼少的老年人，如长期卧床或坐轮椅的老年人，则更容易出现便秘。

在衰老的过程中，老年人的肝脏逐渐萎缩、体积变小、重量减轻。老年人肝脏重量的下降往往与体重下降相一致。而且老年人肝脏再生能力减弱，因此老年人发生严重肝脏损伤后，预后往往比年轻人差。老年人肝脏血流量减少，肝脏摄取、转运、代谢、排泄均受到影响。因为肝脏中参与药物的氧化、还原、水解、结合等反应的酶类活性降低，使得药物在肝脏内代谢时间延长,导致老年人对药物的耐受性下降,敏感性提高,药物在体内的清除速度变慢,容易在体内蓄积,从而导致服用药物的毒副作用比年轻人更明显。某些需要在肝内转化后才能发挥作用的药物则可出现药效下降的问题。因此,老年人长期服用某些药物时,需要考虑到药物代谢受其体质的影响而发生的改变。

3. 神经系统

神经系统的衰老主要表现在脑重量减轻、神经细胞减少、神经纤维传导速度减慢、神经递质减少等方面。脑的衰老主要表现为脑萎缩。

在脊髓方面,老年人表现为脊髓运动神经元数量减少、突触变性等问题。50岁人的神经纤维传导速度与年轻时相比下降10%~30%。由于老年人脑合成多种神经递质的能力有所下降、递质间出现不平衡,导致老年人动作缓慢、运动震颤、睡眠欠佳等。

一系列神经系统的衰老变化可导致老年人对内外环境的适应能力下降、记忆力减退、注意力不易集中、反应变慢、睡眠质量下降等。神经系统的衰老还可能导致一些老年疾病。

4. 心血管系统

一般来讲,30岁以后随年龄增长心脏功能逐渐下降,心率减慢或加速。心输出量自20岁后每年下降约1%,至60~70岁时,心输出量可减少30%~40%。老年人至80岁左右,左心室壁较30岁者增厚约25%,心瓣膜也增厚且变硬,所以心肌重量随年龄增长,其减低程度最轻。心脏储备能量降低,仅相当40岁时的50%。心肌兴奋性、自律性、传导性和收缩性均减弱。

随着年龄的增长,老年人的血管壁弹性纤维减少,胶原纤维增多,动脉血管内膜逐渐粥样变性,管壁中层常常钙化,使老年人血管壁增厚变硬,弹性减弱,管腔狭窄,血管内阻力增加,导致血压上升,一般以收缩压上升最为明显,舒张压也增高。因此,高血压患病率随年龄增长而升高。由于老年人血管硬化,血管的可扩张性减小,因而对压力的反应性降低,容易发生体位性低血压;血管脆性增加,血流速度减慢,使得老年人发生心血管意外的概率明显增加,如脑出血、脑血栓等发病率明显高于年轻人。

5. 免疫系统

20 世纪 60 年代，Walford 等学者提出了免疫衰老学说。该学说认为免疫功能与人类的衰老密切相关。免疫系统的衰老开始于胸腺，胸腺在衰老的过程中逐渐萎缩，使得机体免疫系统发生了一系列生理变化，如老年期细胞免疫功能降低等。

6. 泌尿系统

人体的肾脏在 40~80 岁间丧失大约 20% 的重量。在衰老过程中，老年人常出现排尿困难，易引发慢性尿潴留；而肾脏的浓缩功能减退则导致尿多、尿频。此外，膀胱和尿道可发生退行性改变。约有 40% 的老年人有尿失禁的问题，多见于老年女性。

7. 内分泌系统

内分泌功能改变是老年人中的常见问题。内分泌系统的衰老主要表现为内分泌功能的减退。

随着年龄的增长，老年女性发生停经，自然绝经年龄平均为 48~51 岁；男性的性激素水平也会发生下降。

老年人的生长激素出现下降。生长激素的下降和缺乏可导致老年人肌肉含量和骨矿含量下降，脂肪增多，体力下降，易疲劳等。

第二节　老年人的心理学特征及影响因素

心身疾病是指由心理、社会因素引起，有一定病理生理和形态学改变的某些躯体疾病。产生心身疾病的原因有很多，诸如来自家庭、经济、生活等各种心理因素，有来自如空气污染、居住拥挤、文化教育等社会因素，也有遗传、性格、体型等生物学因素。诸多因素联合作用于机体就会产生不同的疾病，如消化性溃疡、类风湿关节炎、支气管哮喘、冠心病等。近年来，心身疾病的范围有所扩大，几乎包括了所有的躯体疾病，如糖尿病、肥胖症和癌症等都被纳入了心身疾病的范畴。

很多研究已经证明，多数疾病受心理因素的影响。情绪消沉、悲伤或焦虑时，会伴有脉搏加快，呼吸急促，血压升高，血糖升高，消化液分泌减少，使得病情恶化。这些异常的生理变化，主要是交感神经和副交感神经这两种对立的自主神经失去平衡的结果。当人的心情愉快时，脉搏、呼吸、血压、消化液分泌、新陈代谢都处于平衡相互协调的状态，有助于病情的改善。老年人是心身疾病的易患人群，本节就老年人的心理特征做了简要叙述，并介绍一些措施来预防和减少心身疾病的发生，使老年人能够度过一个健康的晚年生活。

一、老年人的心理特征

1. 智力的变化

智力会随年龄的增长而发生变化，如老年人学习新东西、接受新事物不如年轻人，其学习也易受干扰；老年人在限定时间内加快学习速度比年轻人难。卡特尔将智力分为流体智力和晶体智力，对其进行研究后发现，老年人智力并非全面减退，而是表现为晶体智力增强和流体智力下降。

（1）晶体智力增强

晶体智力是指与语言、文学、数学、概念、逻辑等抽象思维有关的智力。研究表明，人的晶体智力一般不会随年龄增长而减退，这主要与后天学习和经验积累有关。有的老年人直到70岁或80岁以后才出现减退，且减退速度较缓慢。

（2）流体智力下降

流体智力是指获得新观念、洞察复杂关系的能力，如直觉整合能力、近事记忆力、思维敏捷度以及与注意力和反应速度有关的能力，包括对图形、物体、空间关系的认知和判断等与形象思维有关的智力。流体智力与感知、记忆和注意等心理过程有关，与脑的生理功能关系更为密切。流体智力发展到顶峰后会随年龄增长而减退，高龄者下降明显，这与老年人的知觉整合和心理运动技能减退有关。

2. 记忆的变化

研究结果显示，老年人记忆力的减退可能是由于信息编码、储存和提取困难相互作用而造成的。随着年龄的增长，老年人感觉器官逐渐不能正常有效地接收信息，同时因记忆细胞的萎缩，影响各种记忆信息的储存，致使记忆能力下降。某些疾病对记忆也会产生影响，多见于阿尔茨海默病患者。老年人的记忆具有以下特点：

（1）初级记忆较好，次级记忆较差

初级记忆是指老年人对于刚听过或看过，当时在脑子里还留有印象的事物记忆较好，是记忆减退较慢的一类记忆。初级记忆随年龄增长基本上没有变化或者变化很小。次级记忆指对自己听过或看过一段时间后的事物，经过编码储存在记忆仓库，以后需要加以提取的记忆，其减退程度大于初级记忆。由于大多数老年人在对信息进行加工处理方面不如年轻人，组织加工的效率也较差，所以记忆活动的年龄差异主要表现在次级记忆方面。

（2）再认能力基本正常，但再现或回忆能力明显减退

老年人对看过、听过或学过的事物再次出现在眼前时能辨认（即再认）的能力基本正常。老年人再认能力的保持远比回忆好，由于再认时刺激物仍在眼前，为有线索的提取，难度小些；而对刺激物不在眼前、要求将此物再现出来时的记忆能力（即回忆能力）明显减退，表现为命名性遗忘，比如记不起或叫不出以往熟悉的人的姓名。

（3）机械性记忆较差，逻辑性记忆较好

老年人对于与过去经历、与生活有关的事物或有逻辑联系的事物记忆较好，而对生疏的或需要死记硬背的东西记忆较差。因此，老年人速记和强记虽然不如年轻人，即在规定时间内速记衰退，但理解性记忆和逻辑性记忆不会变化。

3. 思维的变化

老年人的思维随年龄增长缓慢下降，但是对自己熟悉的、与专业有关的思维能力在老年时仍能保持。由于老年人感知能力和记忆力的减退，无论在概念形成、逻辑推理和解决问题的思维过程还是在创造性思

维和逻辑推理方面都会受到影响，尤其是思维的敏捷度、流畅性、灵活性、独特性以及创造性明显不如中青年时期，但个体差异很大。有些高龄的老年人思维仍很清晰，而有些年龄不大的老年人却有严重的思维障碍。

4. 情感与意志的变化

情绪是人脑对客观事物是否符合自身需要而产生的态度体验，是个体对客观事物的好恶倾向。它与认识活动不同，具有独特的主观体验形式（如喜、怒、悲、惊、恐等）、外部表现形式（如面部表情）以及独特的生理基础（如皮层下等部位的特定活动），它影响着人的心理、生理各个方面。老年人的情感和意志过程因生活环境、文化素质的不同而存在较大差异。老年人的情感活动是相对稳定的，即使有变化，大部分也是因为生活条件等的变化所造成的，并非完全是由年龄增长所致。

老年人的情绪变化特点为：老年人更善于调控自己的情绪，往往会通过认知调节来控制自己的情绪反应。老年人的情绪体验较强烈而持久，尤其是负性生活事件所引发的情绪体验更为深刻。老年人容易产生失落感、孤独感、疑虑感、焦虑和抑郁等消极情绪。

5. 个性的变化

传统观念认为，老年人在年老过程中，其欲望和需求日益减少、动机及精神能量日益减退。因此，老年人容易出现退缩、孤独等心理问题，性格也易从外向转变为内向，行为从主动变为被动。而近年来国内外心理学研究发现，老年人虽然经历退休、丧偶、生活困难、社交减少、疾病、死亡威胁等诸多社会、生理、心理问题，但其个性仍是比较稳定的，而且是继续发展的。

老年人在个性方面的改变主要表现在以下几个方面：

① 人生观的改变。老年人对成功、名利的追求逐渐地或迅速地淡化，因而其支配性、竞争性、攻击性、活动性均有可能减弱，从而更多地关注健康、家庭关系，更多地关心下一代，有的甚至热心于社会公益活动。

② 心理需要的改变。中年期的个体心理需要因社会活动受到抑制

而在老年期表现突出；另外，老年人满足心理需要的资源日渐减少，部分老年人对可用的资源抓得更紧，甚至表现出自私性。例如，老年人为了期望子女给自己更多的照顾，希望子女就近工作等。

③ 自尊心的改变。低自尊与高服从是老年人自尊心改变的表现，这与社会因素和健康状况的下降有密切的关系。

6. 老年人的感觉和知觉变化

感觉是人脑对直接作用于感觉器官的客观事物的个别属性的反映。如听到一种声响、闻到一种气味、看到一种颜色等，是个体最简单的心理现象。知觉是人脑对作用于感觉器官的客观事物的整体属性的反映，是在感觉的基础上产生的更高级的认识活动。

老年人的感觉变化的特点如下：

① 对高频声波和光波的感知能力下降快，对低频声波和光波的感知能力的下降相对较慢。

② 在感知活动中抗干扰能力较差。

③ 嗅觉感受性下降较味觉更为明显。

④ 触觉、温觉和痛觉的敏感性随着年龄的增长而逐步下降。

老年人的知觉变化的特点如下：

① 知觉速度明显减慢，知觉的整体性、理解性、选择性都不如普通年轻人。

② 老年人对空间的知觉能力明显下降，错误发生率较高。

③ 言语知觉的速度和准确性下降。

二、特殊老年人的心理特征

1. 长期患病的老年人

由于人的寿命延长，患有各种慢性病的老年人数量在不断增加，据目前有关资料报道，65岁以上的老年人中有80%左右的人至少患有一种慢性病。他们由于患病的时间长短和病情轻重不同，其心理活动也各有差异。有些老年人能正确对待疾病，安心治病并积极配合医生治疗，治疗效果也比较好。有些老年人长时间被疾病折磨，情绪比较消沉、忧郁和沮丧，其中不少人悲观绝望，甚至有厌世情绪。也有些老年人不习惯于患者角色，不承认自己有病，有一种盲目乐观情绪，一旦病情不能迅速好转，又会产生烦躁情绪，性情变得古怪。

2. 丧偶的老年人

配偶是生活中最亲密的同伴，对于老年人来说，一旦失去共同生活几十年的老伴，对其打击相当大。大量调查表明，老年人在失去亲人的第一年，健康状况急剧恶化，死亡率相当高。

3. 缺乏经济收入的老年人

老年人无收入或经济收入较少，则要依靠子女，往往有自卑心理。有些老年人若身体较好，有能力为子女带孩子或做家务，心情会好很多；若无力从事家务劳动，则心情会闷闷不乐，有被抛弃感。

4. 孤独的老年人

有些老年人与其子女分开生活或居住在外地，若子女经常探望或来信慰问，其亲友邻居又能帮助料理生活，那么老年人会心情愉悦，生活也安定。若无子女照料，或与其关系紧张，极少来往，与邻居亲朋关系淡漠的老年人，心理最为沮丧，孤独感、自卑感等消极情绪最为严重。

三、老年人心理变化的影响因素

1. 各种生理功能减退

随着年龄的增长，各种生理功能减退，并出现一些衰老现象，如神经组织尤其是脑细胞逐渐发生萎缩并减少，导致精神活动减弱、反应迟钝、记忆力减退，尤其表现在近期记忆方面；视力及听力也逐渐减退，感知觉随之降低；由于骨骼和肌肉等功能减退，运动能力也随之降低。

2. 角色适应障碍

由于社会角色的改变，可使一些老年人发生种种心理上的变化，如会有孤独感，易产生自卑、抑郁、烦躁、消极等情绪。老年人必然要经历离退休过程，离退休是人生的一个转折点，这并不意味着人老没用了，而只是社会角色的变化。老年人应保持乐观情绪，满怀信心地面对离退休后的新角色。

3. 人际关系紧张

老年人离退休后，生活范围缩小，大多局限于家庭，很容易造成老年人情绪波动，使老年人变得多愁善感、多疑，表现为在人际关系上出现问题。有的老年人感觉自己在社会和家庭中的地位下降，而变得异常敏感，对身边小事十分计较。家庭成员之间的关系对老年人影响很大，如子女对老年人的态度、由代沟而产生的矛盾等，对老年人的心理也都会产生影响。

4. 经济拮据

老年人离退休后，除基本的离退休金外，不再享受在职时的午餐、奖金、劳务等额外补贴，其收入会出现一定程度的下降。如果离退休金过低，配偶又无经济来源，为维持生活，老年人不得不精打细算、节衣缩食。长期处于经济拮据或紧张状态会给老年人造成很大的精神压力，从而影响其心理状态。对于另一部分无离退休金或无任何经济来源的老年人，在目前我国社会养老保障政策尚未十分完善的情况下，需要依赖子女赡养。子女赡养老年人虽是我国的优良传统，但部分老年人仍有寄人篱下之感，如果儿女态度稍有不妥，就有可能会伤害老年人的自尊心和自信心。

5. 生活不规律

规律的生活是维持身心健康的重要保障之一。老年人离退休后，虽然不需要按照严格的上下班时间安排作息，但仍要保证足够的休息、活动和规律的饮食等，以便维持良好的身心健康状态。若老年人作息无规律、放纵自我，如通宵达旦打麻将、不规律饮食等，可致老年人因睡眠不足、过度疲劳、精神萎靡而诱发疾病。

6. 疾病

老年人由于各器官、系统功能的减退，致使抵抗力下降，从而使患病的概率增加。有些疾病会影响老年人的心理状态，如脑动脉硬化、脑供血不足、脑功能减退，会导致记忆力减退加重，甚至会诱发阿尔茨海默病等；再如脑梗死等慢性疾病，可使老年人常年卧床、生活不能自理，从而导致其产生悲观、孤独等心理问题。患病是一种应激性事件，特别是老年人多患有慢性疾病，需要长期服药治疗、反复检查，容易给老年人造成沉重的心理压力，致使老年人产生过分依赖、恐惧、焦虑、抑郁等心理反应。

7. 丧偶

自古以来，我国传统的婚姻观念就有"白头偕老"的良好愿望。老年丧偶虽属自然规律，但由于丧失配偶，会使老年人悲痛欲绝；思念之情也会使老年人出现情绪低落、失眠、暗自流泪、食欲缺乏等状况。老年人丧偶后面临生活失去依托，或因为情感沟通缺失而感到孤独。

四、老年人心理健康标准

世界卫生组织对健康的定义为身体上、精神上和社会上都处于一种完美状态。心理健康，与生理健康不同，它没有量化的客观标准，心理健康与不健康之间也没有非常明确的界限。世界卫生组织提出了人类心理健康的"三良"标准，即良好的个性、良好的处事能力、良好的人际关系。具体针对老年人的心理健康的标准有以下几条：

1. 保持个性的完整与和谐

一个人的个性是其独特风格的表现，个性中的能力、兴趣、性格与气质等各种心理特征必须是和谐而统一的，它们综合成为人的个性。许多人在步入老年期后开始出现天真、固执等小孩子一般的性格特点，被称为"老小孩"，同时容易出现类似于多忧、多虑、多疑等性情变化。因此，亲人和朋友要多帮助和引导老年人开阔胸襟，保持愉快的良好情绪。

2. 社会适应良好

人的一生是一个不断适应的过程，为了适应生活中的变化而不断学习适应新的社会角色、掌握新的行为模式。因此，具有良好的社会适应能力不仅是个体生存和发展的必要条件，更是个体心理健康的重要组成部分。帮助老年人及时意识到生活的变化，并根据环境的变化相应调整自己的行为和想法，对于老年人以积极的态度面对现实有着非常重要的意义。

3. 人际关系和谐

每个人都生活在一定的社会关系中，人作为有社会性的个体，一生中要与不同的人打交道、建立各种各样的人际关系。人际关系的好坏影响着个体情绪的好坏。与人分享，一个人的快乐便成为两个人的快乐，而一个人的忧伤则会在另一个人的承担下减半，因此良好的人际关系同样有助于个体保持良好的心态。心理健康的老年人多和蔼可亲、平易近人，有着良好的社交圈子和伙伴。

4. 保持年轻、乐观的心态

人的身体衰老无法自控和改变，但人的心理老化是可以自我调节和控制的，要追求淡泊的人生，保持年轻、乐观的心态。研究证明，乐观者比悲观者长寿的可能性高 19%。为了拥有一个年轻、乐观的心态，老年人应该做到：

① 培养淡泊人生、乐观开朗、胸怀宽广的思想。淡泊人生是一种坦然，是对生命的一种珍惜。淡泊可以使人真正地享受人生，它不仅是一种修养，也是一种养生的绝佳方法。

② 树立积极的人生态度，要有理想追求和生活目标，并为此奋斗终生，永不停步。

③ 勤奋好学，积极用脑，追求新知识，拥有进取心，广阅博览，可以延缓大脑衰老。

④ 放弃不现实的要求和想法，善于把自己的情绪调节到最佳状态，保持知足常乐的心态。

⑤ 永远对人生和大自然充满好奇心，是防止心理衰老的良好方法。

⑥ 丰富生活内容，培养多种兴趣。经常动手，活动身体，广交朋友，多与社会接触，主动参与各项有益的活动。

第三节 老年人的社会学特征

一、老年人与社会的互动关系变化

老年人与社会的互动关系会弱化，即出现角色中断和次一级角色变换，其主要标志是退休、闲暇时间增多以及朋友减少和生活方式改变。

1. 退休

退休是进入老年期的重要标志。退休之所以是进入老年期的重要标志，是因为退休意味着个体与社会的互动关系发生根本变化。

第一，职业角色的中断。工业化的发展需要年轻且知识更新快的劳动者，退休则是在劳动力充裕情况下保证年轻劳动者进入社会角色的必要手段。因此，对老年人来说，退休实质上就是职业角色的中断。虽然有些老年人退休后再次工作，但多数人由于年龄和知识结构问题，已很难再胜任当年的职业角色，而只能从事一些辅助性工作。

第二，社会活动的改变。对大多数老年人而言，退休不仅是角色的中断，而且是原有工作与社会活动的改变。离开了工作岗位也就离开了原有贡献力量的场所，与贡献相联系的社会尊重、社会承认自然也就相应改变。

第三，社会联系的中断。社会团体是职业角色生存的环境。由职业角色带来的社会尊重和社会承认均来自社会团体。离开了社会团体，职业角色也就失去了生存环境。因此，退休就是对某种社会团体的脱离，使社会联系中断，这是造成退休老年人孤独寂寞的一个重要原因。退休所造成的社会联系中断会直接影响老年人的精神状态和心理状态。

退休必然会给部分老年人带来影响，这种消极影响首先损害老年人的心理健康，继而会损害老年人的身体健康。但对老年人来说，退休并不是人生的终结，而是第二个人生的开始。他们应该正视退休带来的人生转折，正确认识退休后的诸多变化。他们应通过自我心理调适再次找到自己的社会位置，使老年期内的生活丰富多彩而有意义。

2. 闲暇时间增多

闲暇是老年人生活中的主要内容。对闲暇的认识和利用，决定了老年人的生活质量。对闲暇的认识基本上有两种观点。一种是闲暇无价值论。该观点认为，在一个以劳动角色为主角的社会中，闲暇角色不被重视，也不被理解，被称之为无角色，因而"个人不能从闲暇中得到尊重"。另一种是闲暇有价值论。该观点认为，虽然闲暇角色不能与劳动角色相提并论，但是同样可以"代替与就业有关的角色"，同样可以丰富退休者的精神生活，增强退休者的生活信心与满意程度。从个体社会老龄化过程来说，闲暇是人生的必经阶段。

在现代社会，老年期的闲暇，更多的是满足老年人的意愿，能按照自己的意愿安排生活，这是最高的精神追求和心理满足，也是达到长寿、健康、愉快的最佳途径。

在我国，闲暇角色可分为：

① 家务型。该闲暇角色以照顾家庭为主，他们或者妇唱夫随，共同承担家务劳动；或者照顾晚辈，尽享天伦之乐。

② 娱乐型。该闲暇角色主要参与休闲娱乐方面的活动，如写字作画、唱戏下棋、养花喂鸟、练拳习剑、登山长跑等。

③ 事业型。该闲暇角色继续从事与劳动角色相关的工作。如返聘的工程师、短期支边的老教师以及出专家门诊的老大夫等。

④ 社会型。该闲暇角色热心参与社会公益事业。如参与关心下一代工作委员会、校外教育委员会的工作，做编外记者、群众监督员等。

家务型角色可增强老年夫妻间的感情，满足双方心灵上的需要。娱乐型角色可陶冶老年人的情操，丰富老年人的精神生活，提高健康水平。事业型和社会型角色则可使其继续发挥余热，为社会主义建设增砖添瓦。所以，无论是哪种类型的闲暇角色，都是非常有益的。

3. 朋友减少和生活方式改变

人们的交往对象可分为三类：朋友类，指同事、同学、邻居、同乡等；亲属类，指父母、兄弟姐妹、子女、亲戚等；组织类，指单位、街道、居委会等。这三类交往对象对不同年龄群体具有不同的作用。一般来说，对于年轻人，与朋友类的人交往较多；对于老年人，与亲属类和组织类的人交往较多。

老年朋友的减少和生活方式的改变有主观方面的原因，也有客观方面的原因。老年人身体日衰，行动不便，其朋友大多年老体弱，这是其客观原因。由客观原因导致的交往欲望减弱是其主观原因。有些人性格内向，年轻时朋友较少，老年朋友往往更少，而有的人性格开朗，年轻时喜欢交朋友，到了老年期，却因客观原因不得不减少交往。虽然这两种老年人都有与社会的互动关系减弱的问题，但这对后者的身心损害要大于前者。

二、老年人社会角色的变化

1. 从社会活动的主角到配角

老年人在退休前，有的在工作单位或社会上担负着重要的职务和工作。有的人担任领导职务，决定一个地区、部门或单位的发展大计；有的人担任经营管理者角色，在市场经济的大潮中运筹帷幄，为社会创造财富；有的人是专业技术人才，在各自的领域里辛勤耕耘，结出了累累硕果；有的人是工业或农业领域的骨干和中坚力量，为改革开放和社会主义现代化建设做出了重要贡献。在退休后，他们由过去是社会建设的中坚力量转变为一个平凡的老人，从社会活动的主角变为配角。

2. 从社会舞台的中心到边缘

许多老年人都有辉煌的过去，在工作和生活中有自己的一片天地，是社会的栋梁和家庭的支柱。随着年龄的增长，老年人的体力和精力逐渐减退，他们在社会舞台上的位置，也逐渐由中心位置退到次要的、边缘的位置，由社会潮流的引领者变为旁观者。

3. 从主要生产者到重要消费者

从老年人的社会角色来看，他们从前是社会物质财富和精神财富的创造者,曾经亲自参与或见证了社会各行各业的发展变化。如农业生产由原来的大锅饭到家庭联产承包责任制的实行;工业生产由政府扶持到积极参与市场竞争、与国际接轨;科技教育体制的改革与发展等。老年人退休后,其社会角色由主要的生产者变为一个重要的消费者,而且成为医疗、社区服务、群众性娱乐活动等项目的重要服务对象。

三、老年人家庭角色的转变

1. 家庭生命周期

家庭生命周期是指家庭从形成到消亡的整个过程。家庭生命周期的分布是不断发展变化的。一般来说,在工业化之前,由于初婚初育年龄低、子女数量较多和老年人预期寿命短等原因,家庭生育抚养子女期较长,而空巢和消亡期较短。在工业化之后,较少的子女数量和较长的人口寿命使家庭生育抚养期缩短,空巢期和消亡期延长。当家庭结构功能发生变化时,家庭的代际关系也会随之变化,从而形成个体社会老龄化在家庭中的新特点。

2. 老年人家庭角色的变换

家庭角色包括父母、配偶、儿女、兄妹等多种角色。家庭角色的变换是个体社会老龄化的重要表现形式。父母角色和配偶角色是老年人在家庭中的主要角色,其变化反映了老年人角色和代际关系的变化。

(1) 父母角色与"空巢"

按照社会学的界定,家庭可以分成单亲家庭、核心家庭、直系家庭和联合家庭等类型。其中,核心家庭与直系家庭是我国家庭的主要类型。在核心家庭与直系家庭中,老年人家庭角色的变换具有共同特征,也有明显的差异性。

① 核心家庭中的父母角色。在"空巢"期家庭阶段中,原来的核心家庭已演变为一个老年夫妇家庭和多个独立的核心家庭,或者说演变成了母家庭和子家庭。家庭结构的变化必将导致父母的权利、义务和社

会期望方面的变化。

在传统社会里,家庭的经济功能、生育功能、教育功能、情感功能等都是通过父母角色体现和实施的。进入现代社会以后,家庭中的部分功能转变为社会功能,家庭功能大为简化了。一般来说,现代家庭中的父母,其职责主要在生育抚养儿女和教育儿女两大方面。在抚养儿女方面,父母角色有为儿女成长提供经济支持和情感支持的义务。

家庭进入"空巢"期以后,父母的权利、义务和社会期望都发生重要变化。父母已不再对成年儿女的行为负有责任,而抚养和教育儿女的义务也随儿女成年而减弱。成年儿女和社会对"空巢"期父母角色的社会期望也有明显变化。在核心家庭的"空巢"期,父母角色在抚养和教育儿女方面的权利、义务实际上已经结束,其社会期望也大为降低,但这并不意味着父母角色已无存在的必要,而是表现出更多的情感色彩。据社会学方面研究,"空巢"期的父母始终是家庭间的交流和联络中心。

②直系家庭中的父母角色。直系家庭中的父母与儿女仍然共居于一个家庭之内,抚养儿女的义务已经完成,但他们仍然尽最大努力帮助与其共居的儿孙们,老年人在力所能及的范围内,希望帮助儿女分担一些生活压力。

总之,如果说核心家庭"空巢"期的父母意味着权利、义务和社会期望的终止,那么直系家庭老年期的父母则意味着其权利、义务和社会期望的淡化。它们的区别就在于后者除了经济和情感交流外,还保留着形式上、劳务上和思想上的联络。

(2) 老伴角色与丧偶

研究结果表明,老伴在经济支持、日常生活照料和精神慰藉方面都发挥着儿女们无法替代的作用。丧偶则意味着精神上孤独和生活上无人照料。有学者指出:男人在妻子去世后的六个月里会遇到更多的医疗问题。对于女性老人来说,丧偶意味着妻子角色的丧失,孤独与悲哀可能会伴其余生。

第四节　老年人的人格特征

人格是个体在现实生活中形成的独特的、比较稳定的心理特征的总和，即人的总的精神面貌。人与人之间的个性千差万别，但其共有的基本特征却明显可见。个性既有结构和功能上的独立性又有整体性，既有稳定性又有可塑性，既有独特性又有共同性，既有社会制约性又有生物制约性，这就是个性的基本特征。人到了老年期，人格也相应发生变化。

一、老年人的人格特点

人到老年，随着身体健康、社会角色、家庭、情绪和认知功能等方面的变化，其个性特点也可能会发生一定的改变。衰老不仅会导致身体的多项功能明显减退，糖尿病、心脑血管系统疾病等常见的生理性疾病也会不断地在老年人身上发生，老年人性格必然会发生诸多变化。一般情况下，如果老年人的身体比较健康，其经济条件、所处环境、生活等都没有发生重大变化或者变化比较小，则其性格通常不会发生重大改变；如果老年人体弱多病、经济拮据、生活困难、家庭矛盾多、居住条件差、缺乏子女照顾等，则老年人性格就容易变得暴躁、易怒、忧郁、焦虑不安、情绪低沉、孤僻，甚至不近人情。

二、老年人的人格类型

由于遗传、经济状况、职业、社会地位、生活环境、人生经历等方面的差异，到了老年期，老年人的人格与其他年龄段的人相比有其自身的特点。心理学家理查德根据老年期适应情况，将老年人人格分为五种类型：成熟型、安乐型、操劳型、愤怒型、自我谴责型。

1. 成熟型

成熟型人格是一种智慧的、统一的人格，这类人格的老年人理解现实，有智慧，富有创造力和生命活力，生活充满朝气。他们很愿意为社会服务，或继续从事一些有技术的劳动；理解自己与晚辈的关系，不苛求别人；心理上能自我适应，不依赖别人，并以积极乐观的态度对待问题与困难。他们兴趣广泛，对未来并不感到苦恼，虽然与家庭存在不可协调的矛盾，但其主观感受积极丰富，不怨天尤人。这类人格是一种比较理想的人格，但事实上，这类老人并不多。

2. 安乐型

安乐型老人满足于现状，悠然自得，没有过多的个人追求，对家庭和环境的要求也不高，只求生活的清闲和安适，在日常生活中显得悠然自得。但实际上，家庭是这类人的庇护所。他们把自己的生活寄托在别人身上，在物质上和在精神上依靠别人的援助。这类老人所在的家庭氛围往往比较和谐，在社会和平、经济繁荣的年代，这类老人所占的比例会比较多。

3. 操劳型

这类老人对闲暇持否定的看法，他们通过不停的工作来抑制自己对衰老的担忧。他们不轻易放弃对家庭生计的主持，希望掌管家庭大权，为家庭的各种事务操劳奔忙，对子女仍然保持着较强的控制欲。但他们的辛苦付出如果得不到回报，就会变得嫉妒和不满。

4. 愤怒型

愤怒型是一种自我防御力较强的类型，这种类型的老年人对苦恼、对恐怖都采取较强烈的防御机制来应对。这类老年人无法承认自己已衰老这一事实，怨恨自己尚未达到目标，把自己的不成功处归咎于他人，并表现出敌意和攻击性，对某些事情有较深的偏见。他们对年华的流逝持有强烈的反感，自我闭塞，常表现出恐惧和抑郁。

5. 自我谴责型

自我谴责型的老年人也常常产生愤怒的情绪，但这种情绪是深藏于内心的，针对自己，经常谴责自己。他们认为许多错误都是自己造成的，并给别人造成了痛苦。他们生活在自责之中，不愿与他人交往，有时甚至走向自杀的绝路。

三、老年人人格特征与心理健康的关系

有研究表明，老年人的心理健康水平与人格的情绪稳定性显著相关，其情绪越不稳定，心理健康水平越差，这不仅能在相当程度上反映人的心理健康水平，甚至可以视为心理健康水平的重要标志。

人格特征对老年人的心理健康具有直接的影响。外向型性格有利于老年人的心理健康，神经质性格不利于老年人心理健康。人格特征还通过对事情的应对方式，对老年人心理健康产生间接的影响。外向型性格的老年人常用求助的应对方式，更有利于心理健康；神经质性格的老年人常用自责的应对方式，不利于心理健康。

在老龄化过程中，人格是影响心理健康的重要方面，探讨人格对老年人心理健康的影响，具有非常重要的意义。在对老年人心理健康进行干预时，应注意到人格对老年人心理健康的直接影响和间接影响，应提高老年人个体对自身人格特质的认识，以便更好地控制自己，预防不良事件的发生。多在社区或老年公寓开展改善老年人心理健康状况的活动，引导他们遇事采取积极的应对方式，保持积极的情绪，完善老年群体的社会支持系统，让老年人在轻松的氛围中认识问题，解决问题。

第三章　老年体育生活方式

生活方式体现在人们的日常生活中，它是随着时代的变化而变化的。人们的生活方式在不同的历史时期会受到不同因素的影响，并在一定的历史时期呈现出相应的特征。体育在现代社会中所具有的意义和作用也发生了变化。在老龄化的今天，了解体育与生活方式的关系、老年人与体育的关系，对社会的发展有着积极的现实意义。

第一节　体育生活方式

老年体育是社会文化的重要组成部分，良好的体育生活方式是老年人追求和获得高生活质量的一种"文明、健康、科学"的现代生活方式，是老年人安度晚年的基本保证。积极、健康的体育生活方式无疑是一种健康的生活方式。

一、生活方式与健康

1. 生活方式的定义

生活方式是指不同的个人、群体或全体社会成员在一定的社会条件制约和生活价值观念指导下所形成的，是满足生活需要的全部活动形式。

生活方式的内容包括了人们的衣、食、住、行、劳动工作、休息娱乐、社会交往、待人接物等日常生活以及价值观、道德观和审美观。生活方式具有社会历史性，不同社会、不同历史时期和不同职业的人，有不同的生活方式。随着社会的发展变化，生活方式也随之变化，它直接或间接影响着一个人的思想意识和价值观念。

2. 生活方式的分类

生活方式与人类生活的各个方面都有联系，我们可以从生活的主体、领域、社区、地域和个人的经济状况等几个方面进行分类。

人的活动具有能动性和创造性的特点，在相同的社会条件下，不同的主体会形成全然不同的生活方式。在生活方式的主体结构中，一定的世界观、价值观和生活观念对人们的日常活动起着根本性的调节作用，影响着一个人对生活方式的选择；社会风气、传统习惯等社会因素对生活方式具有深层的影响力和导向作用，它以特有的方式调节着人们的日常活动和行为方式。

3. 影响生活方式的要素

影响生活方式形成的因素，有宏观社会环境，也有微观社会环境。地理环境、文化传统、政治法律、思想意识、社会心理等宏观社会环境因素，从不同方面影响着生活方式。人们的具体劳动条件、经济收入、消费水平、家庭结构、人际关系、受教育程度、闲暇时间占有量、住宅和社会服务等微观社会环境的差别，会使同一社会中的不同个人的生活方式形成明显的差异。一个人的思想意识与心理结构会影响着一个人的行为方式,影响着其价值观念和对社会的态度,从而影响着他的生活方式。

4. 不健康的现代生活方式对健康的影响

现代生活方式指的是人类社会进入工业文明时代以后所形成的、有别于以前社会形态的基本生活方式。现代生活方式是现代经济基础在生活领域的体现,但不健康的现代生活方式给人类的健康带来了威胁和隐患,导致生活方式疾病的大量出现。美国专栏作家兰·依萨卡说过:"文明人痛快地吞进了文明病。"

(1) 不健康的现代生活方式形成的原因

① 人与自然的疏离。这种疏离存在于两个层面。一是人与自然界的疏离,这是形式化的疏离。随着大规模的城市化及各种工业污染,人们的生活环境发生了明显的变化。各种与人生存息息相关的自然要素,如森林等,正逐渐地从人们的生活中"退却",随之而来的是林立的高楼、喧嚣的街市、坚硬的地面以及各种噪声,特别是土壤、水、大气这些直接关系到人类健康的基本自然要素的质量也在急剧地下降。二是人与自然性的疏离。人与自然界的疏离,是一种生态性的疏离,而人与自然性的疏离则是心态性的,主要表现为人的价值导向和生活观念受制于技术化和商业化的潮流。

② 物质与精神的失衡。工业文明的最大成就,就是创造了巨大的社会财富而且商品经济繁荣,但是伴随物质财富的增长和经济的繁荣,精神呈现出萎缩和疲软的趋势。

③ 生存竞争的激烈化。当代社会生活的急剧变化、效率意识的空前增长、大众传媒的迅猛发展和信息流的高度膨胀,增加了现代人的生存负荷。而物质利益的分化、个人本位的突出,则使现代人际关系愈来愈复杂、难以把握。在这种大的生存态势下,现代人处于一种躁动不安的状态中,生活中的竞争所造成的精神紧张、情绪波动、心灵疲惫,使现代人失去了悠然闲适的心情。

(2) 生活方式疾病形成的原因

① 饮食。经常食用"三高"食品、食品添加剂的滥用、对感官刺激的过度追求、对营养的片面认识等,使现代人的食物结构和饮食习惯

中出现了很多不利于健康的因素,从而不同程度地导致"文明病"的发生。

② 美容和保健。化妆品的使用是人们美化自然形态的一种表现,有些化学成分对肌肤具有直接刺激性,可能导致肌肤敏感、色素沉着、痤疮等,更有甚者,某些美容与保健项目还有可能危害身体健康。

③ 以车代步的生活方式、"四季如春"式的住宅以及不加节制的夜生活等,使人们付出了健康的代价。

④ 情绪的波动。现代社会中人的生活常常处于"紧张"的状态,这种现代式的"紧张"内化成了一种巨大的心理压力,形成烦躁、抑郁、焦虑、悲观、孤独、寂寞等消极情绪,导致许多人心理失衡、精神紊乱、人格变态。

以上这些因素是相互作用的,它们对健康的影响是长期积累的结果。这些因素也是伴随着社会的发展而产生的,由此产生的生活方式疾病可以称之为"现代文明病""富贵病"。研究显示,现代人的体质、体能以及抵抗疾病的能力与前人相比也有所退化。世界卫生组织的资料证实,影响人类健康寿命的因素,40%在于遗传和客观环境条件(其中,15%为遗传因素,10%为社会因素,8%为医疗条件,7%为生活环境和地理气候条件),而60%则在于个体自身,这需要自己的努力去"建设"良好的健康生活方式。

二、体育生活方式与健康

体育锻炼作为一种生活方式,具有较强的自由性、文化性、非功利性及主动性等特点,它可以:增进健康,强健体魄;预防疾病和促进身体康复;提高文化素养与促进精神文明建设;丰富生活内容,加强人际关系。

体育生活方式对于老年人群体的身心健康,对于整个未来社会的健康发展和稳定都有着更重要的意义。老年人通过参与体育活动,可以培养健康的兴趣爱好,改变不良的生活习惯,提高生活质量,愉悦身心,提高生命质量,尽享天伦之乐。

1. 体育生活方式的意义

体育是人们为了适应自然环境和社会需求而自觉改造自我身心的行为。在现代社会，体育作为一种社会文化现象逐渐渗入到社会生活的各个方面，已经越来越多地显示出它的多种功能与属性。

体育是一种进步的文化，是崇尚科学和文明的文化，它对生活方式起到优化的作用，引导人们走向文明和健康。随着人们体育文化意识的加强，体育文化在潜移默化地影响着人们社会生活方式的同时，其自身也发展成为文明的重要组成部分。越来越多的人感到参加体育活动能给生活带来极大的充实、满足、幸福和自我实现感，这对个人和社会健康均起到积极的作用。

2. 体育生活方式是一种健康、文明的生活方式

体育生活方式是一种健康的生活方式。体育生活方式与人的生命质量关系密切，是与生理、心理、社会健康相关的特殊生活方式。愉快、自由地享受体育生活，不仅能够提高身体素质，而且有助于拥有健全的人格。

体育生活方式是一种文明的生活方式。体育生活方式的目的在于人的全面、自由、和谐的发展，所以具有丰富的文化内涵，是人类文明的具体体现。体育生活方式具有综合性、多层次的属性和特点，在现代人类生活中起着至关重要的、无可替代的作用。它能调节并改善人类生活中存在着的不合理部分，为促进人类健康生活，乃至对培养具有适应不断变化的自然环境和社会环境能力的人类具有重大作用。

总之，体育生活方式是解决现代"文明病"的最好方案。人的发展决定了体育文化的价值，体育文化的价值又决定了人们应该选择体育生活方式，从而优化人们的现代生活方式。

三、体育生活方式的结构要素

伴随着社会的发展，人们在生活中的压力越来越大，这使得人们对身体健康的关注程度也随之增高，体育成为促进身体健康的主要行为方式。借鉴生活方式的结构要素主要由生活活动主体、生活活动条件、生活活动形式构成,把体育生活方式结构分解为体育活动主体、体育活动条件及体育活动形式这三个要素。

1. 体育活动的主体以及主体的行为习惯

体育活动的主体就是参与活动的人本身。不同的体育活动主体对于体育活动的理解和体育意识强弱不同,使得实际的体育参与情况也有差别,因此完善体育生活方式也应有针对性的途径与方法。人们参与体育活动的动机是由人们的价值观所决定,因此决定了人们在体育方面的兴趣和爱好。从内容和形式看,体育的基本内容和基本形式都统一于人的自身运动,个人体育运动的形式和内容也有着一定的差别。人的体育活动是有意识支配的社会行为,体育生活方式是具有能动意识主体的一种生活方式。

人们的体育兴趣爱好、体育习惯和体育行为是影响体育生活方式的重要因素,也是体育生活方式的外部体现。行为习惯有优劣之分,它不同程度地影响着人们的体质健康和身体状况。良好的体育行为习惯促成良好的体育生活方式,有利于人们参与体育活动;而不良的体育行为习惯会降低人们的健康水平,不利于塑造良好的体育参与行为。

2. 体育活动的条件

体育活动的条件是构成体育生活方式的另一个重要的要素。在现实生活当中,个人、群体和社会对体育生活需要的满足受外部条件的制约。影响体育生活方式的因素包括了自然条件、社会条件和个人自身的条件。

(1) 自然条件

制约体育生活方式形成的自然条件涵盖了地理环境、温度、空气质量和季节等因素。体育活动会受到寒冷、高温、多雨以及冰雪等环境的影响。同时,体育活动的开展可以利用诸如江河、湖泊、海洋、沙滩等独特的自然地理环境。

(2) 社会条件

制约体育生活方式形成的社会条件因素,包括社会结构、政治、经济、文化、风俗、教育、收入水平、消费水平和结构、闲暇时间、大众传媒等多个方面，这些因素都不同程度地影响着人们对体育生活方式的选择和在体育生活中的行为。

（3）个人自身的条件

个人自身条件包括年龄、性别、身高、体重、健康状况、个人爱好、职业、文化水平、经济收入水平、婚姻状况、居住地、对体育的认识水平等多个方面。人作为体育生活方式的执行者，既是活动的主体，又是活动的客体，还是活动的主要受益者，所以具有多重的复杂身份。

3. 体育活动的开展

体育活动开展的形式丰富多样，包括一切与身体运动有关的体育项目。首先是体育活动项目的选择，如田径、球类、武术等项目中的一种或几种，依据主客观条件选择合适的锻炼项目，能够更好地达到锻炼目的。其次是确定自己一个人参与体育活动还是多人一起参加体育活动。最后是体育活动参与途径的选择及体育活动达到的结果。随着现代社会的不断发展，体育活动开展的形式也越来越多，当前的体育形式越来越趋向于贴近自然，回归生态，成为促进人与自然和谐发展的一种生活方式。

第二节　城市老年人的体育生活方式

生活方式的转变使得家庭结构在发生变化，从过去几代同堂的大家庭转向了小型化的家庭格局，使得"空巢老人"的数量逐渐增多。现代生活节奏的加快，就业压力的增加，子女陪伴父母的日子越来越少，老年人生活越发孤单寂寞。再者，适合老年人的活动场所、活动内容过于局限，他们虽有很多闲暇时间，却没有活动项目来进行消遣，而体育活动作为一种积极、健康的活动方式，不仅能提高老年人的生活质量，还可以作为一种精神食粮，使得广大老年人能够"老有所学、老有所乐"。

2013年,我国的法定节日中新增了一项老年节。2013年7月1日起实施的《中华人民共和国老年人权益保障法》规定,家庭成员应当关心老年人的精神需求,不得忽视、冷落老年人,与老年人分开居住的家庭成员,应当经常看望或者问候老年人,用人单位应当按照国家有关规定保障赡养人探亲休假的权利。国家从立法的高度规范了儿女对老年人应尽的义务。关心老年人的心理需求,缓解老年人的孤独感,是促进家庭、社会和谐发展的重要举措。《全民健身计划纲要》中明确规定了全民健身活动对改善生活方式、提高生活质量的意义和价值。国家和社会对老年人口体育健身活动的关注,也为老年人建立体育生活方式提供了外部环境。

影响城市老年人体育生活方式的因素包括:

1. 休闲观念依然落后,体育意识淡薄

目前有些城市老年人在潜意识中认为,工作高于一切,几乎没有休闲观念,体育意识淡薄。王锐在《我国城市老年人体育健身活动现状综述》中分析和研究了我国城市老年人体育健身活动的情况,结果显示我国城市老年体育人口比例较高,活动频繁且时间较长,活动动机呈现多样化,活动项目与形式带有明显的年龄性、季节性、地域性等特征,而活动场所与方法相对固定,体育消费水平偏低,对体育认识程度较差,缺乏方法、知识、组织指导与健身环境是影响城市老年人活动的主要因素。

2. 社会支持系统薄弱,相关服务意识有待提高

老年人退休后,闲暇时间增多,城市老年人成为了"有闲群体",如何充分利用闲暇时间,是在晚年生活中过得更有质量的重要因素。我国当前社会支持系统较为薄弱,相关服务意识有待提高,无法满足老年人的精神文化需求。根据汪文奇等调查离退休老年人的闲暇活动,看电视成为老年人消遣时间的主要方式,体育活动并未成为他们消遣的生活方式,这说明了体育运动的发展在相当程度上远离了人们的日常生活。

3. 对不同年龄段老年人的体育需求关注度不足

按照年龄阶段划分,我们将60~90岁年龄段规定为老年人,由于年龄跨度达 30 岁，不同年龄段的老年人，其兴趣、爱好都会不同。如果不清楚各年龄段老年人的体育需求，就无法调动各年龄段老人的积极性。因为不同年龄段老人的生理和心理的特点不一样，所以要多组织一些符合不同年龄段老人的生理和心理特点的体育活动。

4. 社会体育功能需不断强化和体现

随着社会的不断进步，社会体育的健身功能、文化功能、经济功能体现已较多，体育发展贴近大众生活，但仍远离老年人群体。

第三节　农村老年人的体育生活方式

现阶段，大量农村年轻劳动力进城务工，而年龄偏大、失去劳动能力老年人留守农村，导致"空巢老人"的大量出现。由于对子女的情感依赖强烈，有的老年人会有孤独、思念、自怜和无助等复杂的情感体验，缺乏独立自主安排晚年生活的信心和勇气。

在体育蓬勃发展的今天，提升农村老年群体的幸福指数，体育生活方式将是重要的突破口之一。体育活动受知识水平的影响较小，以体育作为提升幸福指数的突破口，可以让农村老年人融入其中，并在较短时间内产生积极的认同感，从而促进农村老年人的幸福指数提升。

一、农村老年人体育生活方式的现状及制约因素

1. 体育生活方式观念落后，意识薄弱

当前的农村老年人一般经历了穷困落后的时期，面对当时艰苦的生存环境，他们养成了保守的生活习惯。因此，他们无法理解体育运动与健康的真正关系，较难接受一些新的休闲运动项目，从而阻碍了他们进行体育锻炼的行为。农村老年人受教育程度参差不齐，很多老年人甚至会固执地认为，静坐或者躺着休息才是增进健康的最佳方式。这些传统、落后的体育生活方式意识严重影响农村老年人身体健康的改善。另

外，一些农村老年人由于从事过艰苦的劳动，身体积劳成疾，对一些运动项目有心无力，无法进行正常的锻炼。

2. 体育活动场地、资源匮乏，运动项目开展不足

人们对体育运动项目的选择，一般与体育场地设施、器材、自身的兴趣爱好、生活需要以及经济收入等有关。农村居民的经济水平、运动观念以及健身意识较之城市居民有一定的差距。农村体育设施建设相对缓慢，场地资源比较匮乏，有些村落没有专门进行体育运动的场地，这些因素限制了农村群众体育的开展。

3. 体育活动动机不足，缺少必要的指导

尽管体育的强身健体、防病治病等功能已经被大多数老年人所接受，但落实到自身的实际情况时，仍存在明显的差距。很多参与集体活动或小群体活动的老年人，其目的根本不是强身健体，而是为了消除烦恼、孤独感，通过与别人交往来消磨闲暇时间。很多农村老年人认为，与其他娱乐项目和活动相比，体育活动并不是他们的首选，他们觉得体育活动与其他娱乐活动相比，更加枯燥无味。而且他们缺乏体育知识、技能，又无人指导，这进一步阻碍了他们参与体育活动。

二、农村老年人体育生活方式的发展趋势

近几年，我国对发展农村老年人体育的重视程度逐渐增加，对于农村老年人体育活动的宣传与组织指导更加广泛，体育设施及医疗保障更加健全，体育内容与形式变得多样化，参与体育活动的农村老年人的数量和规模不断扩大，从而使老年人的生活质量不断提高，这有利于逐步实现"健康老龄化"这一目标。因此，充分了解农村老年人体育的发展趋势，可以帮助确定具体目标以及实施步骤。

1. 体育活动普及，老年体育人口增加

摆脱了繁重的田间劳动和家庭压力的农村老年人，随着年龄的不断增长，身体衰退更快，他们有更强烈的健康要求，意识到了体育锻炼的重要性，体育活动成为他们提高生活质量的主要手段。农村老年人闲暇

时间较多，但由于缺少相关的体育活动知识和技能，他们的体育活动开展并不频繁，也没有固定的时间和场所，更没有形成具有特色的体育生活方式。因此，积极开展农村老年人体育活动是实施"全民健身计划"的重要内容，是扩大体育人口的有效途径。

2. 农村老年人体育活动走向科学化、合理化

随着国家和政府对老年人问题的不断深入关注，全社会对老年人的关心程度得到了进一步加强，老年人的体育生活也受到广泛关注。老年人体育的组织管理逐步走上系统化、科学化的轨道；投资兴建的体育场地、设施的数量在逐渐增加，其功能也日趋符合体育生活的需要；老年人体育生活的内容和形式将更加丰富多彩，更具吸引力。体育的发展依赖于社会的发展，农村老年人的体育生活方式也将更趋于科学化。

通过全民参与健身，提高中华民族整体素质，建立科学、文明、健康的生活方式，可以促进社会安定团结，推动社会主义精神文明和物质文明建设。在老龄化社会进程中，关注老年人的生活，提高老年人的幸福指数，是全社会关注的话题。通过舆论环境的建立，给农村老年人以潜移默化的影响，让他们乐于参与其中，深切体验科学的体育生活方式给他们带来的乐趣和价值。有关部门可适时地表扬和表彰一些具有代表性的个人、单位和乡镇，适时地举办一些体育保健方面的知识讲座，给农村老年人量身定做"运动处方"，加强卫生保健知识的宣传，促进科学体育价值观的内化。同时，指导农村老年人进行科学、合理的体育活动，从而改善农村老年人的身体状况，达到延年益寿的目的。

3. 体育活动的内容逐渐趋向多元化

现阶段，随着社会观念的不断革新，老年人的娱乐活动已经不再是单纯的体育活动，而是集文化、娱乐、健身于一体的综合性体育娱乐活动。农村老年人选择的体育运动项目，已经不仅仅局限于那些"缓慢"性的项目，也有节奏明快的项目，如交谊舞、广场舞、秧歌等项目。目前我国老年健身体育活动的内容，可归纳为10大类近50项，其中参加保健类、气功类、跑步类的老年人就有3000多万；舞蹈类、球类、棋类、体操类及其他健身娱乐活动也深受众多老年人的欢迎。最近几年国内外新发展起来的"轻体育",即"轻松体育",将会更适合老年人体育活动的需求。其特点包括体能消耗少,运动负荷小,活动内容多样,锻炼时轻松愉快没有压力。同时,由于农村老年人文化结构的变化,其文化艺术品位不断提高,他们的娱乐活动已不再只是跑跑步、打打拳这样的单纯体育项目,所以需要丰富体育活动的内容,从而激发农村老年人的活动兴趣。

现阶段,农村经济水平虽然得到了提高,但是农村体育设施的建设还比较少,缺少相应的健身场地和设施。开展农村老年人体育活动,需要基层服务机构开动脑筋,利用好当地的自然条件,借助当地自然、人文环境广泛开展体育活动,激发老年人的体育活动兴趣,使体育活动的内容趋向于多元化。

4. 体育活动的时间段趋于稳定化

体育活动时间将成为老年人每天生活中的一个时段。老有所养、老有所医、老有所乐、老有所为基本代表了21世纪中国老年人的生活愿景。老年人生活质量的关键是健康问题,体育活动是老年人首选的保持自我健康的方法。农村老年人具有较多的闲暇时间,可以自由地安排自身活动。他们进行体育和休闲娱乐活动,常常表现为集群性,并具有较为稳定的时间段和频率。

三、农村老年人体育生活方式的科学发展标准

1. 符合老年人的身心需求

闲暇时间多、孤独感强、缺少关注是农村老年人的主要特点。农村老年人的身体锻炼活动,不在于追求运动成绩,更多的是为了消磨闲暇时间,结交交流的对象,聊天解闷等,因此农村老年人体育活动方法要简单,动作内容不宜复杂,应以保证老年人的身心健康为目标。丰富多彩的体育活动,可缓解老年人的孤独感,使他们缓解抑郁、惆怅、孤独的心情,形成积极、快乐的老年生活方式,达到老有所乐的目标。

2. 与时代的进步相结合

长期以来,农村老年人由于科学文化知识水平较低,思想观念更新

较慢，所以对一些新鲜事物的接受能力不高，导致了农村老年人体育生活方式的发展与社会时代的进步不相协调。

随着社会的日益发展，农村老年人应该逐步解放自己的思想，主动参与能满足调剂生活、亲近大自然、缓解身心疲劳、增进健康、陶冶情操、促进人际交往等多方面需要的体育活动。在体育活动的过程中，不断更新自己的观念，勇于接受新鲜事物，真正做到人老心不老，形成健康的体育生活方式，不断改善自身的身体状况，达到延年益寿、安享晚年的目的。

3. 具有鲜明的文化特色

农村老年人的体育生活方式，既不同于年轻人的体育生活方式，也不同于城市老年人体育生活方式。由于受经济状况、场地器材、体育活动观念等方面的影响，农村老年人的体育活动方式与城市老年人的体育活动方式出现了明显的差别。在没有专门活动场所和指导人员的情况下，有些农村没有太极拳、交谊舞等运动项目，取而代之的是农村的大秧歌，一些农村老年人积极地投入村里的秧歌队，既为秧歌队贡献了力量，也锻炼了自己的身体，娱乐了身心，缓解了自身的孤独感和凄冷的心境。还有一些农村老年人，选择空气清新的早晨，到田间地头或是山坡进行散步，既丰富了个人的晚年生活，也锻炼了身体，增进了健康。

与城市相比，农村具有得天独厚的条件，空气清新，污染较少，资源丰富，而且民风淳朴、热情。政府等相关部门要重视农村老年人体育生活方式的推进，因地制宜利用好农村得天独厚的条件，开发适合农村老年人参与的体育运动项目，形成具有鲜明特色的农村老年人体育活动项目，改善农村老年人的生活质量，使农村老龄工作实现"老有所养，老有所医，老有所教，老有所学，老有所为，老有所乐"的目标。

第四章 老年人体育健身的相关理论知识

医学的不断进步，使得人类在对抗疾病的过程中取得了显著的成就，如传染病（肺结核等）、寄生虫病、营养缺乏病等日益减少，人类期望寿命在不断延长。伴随着社会的发展，由精神紧张、营养过剩、运动不足、环境污染等引发的疾病不断出现，肥胖症、心脑血管系统疾病、恶性肿瘤等"现代文明病""生活方式病"成为威胁人类健康的主要疾病。体育运动能够提高机体免疫力、改善身体健康状况，对于老年人而言，适当的体育运动能够增强老年人体质、丰富老年人精神文化生活、改善老年人生理功能，促进老年人健康长寿。

第一节　生命在于运动

运动和生命是息息相关的。人体的各系统、各器官、各细胞时刻都在活动并进行新陈代谢。营养的吸收，代谢产物的排泄，都要靠运动来实现。诸多研究证明，科学的健身运动可以改善老年人的身体健康状况，延缓老年人身体功能的衰退，并能够通过各种方式降低老年人的死亡率和增加老年人的幸福感。

一、运动有益于老年人的生理健康

运动使机体处于平衡状态，对机体各系统都有促进作用，从而预防心身疾病的发生。

1. 运动有益于身体各系统功能的发展

（1）呼吸系统

经常参加体育运动，可使：新陈代谢旺盛，心肺功能得到增强；能提高缺氧耐受力；使呼吸深度增加，对呼吸系统疾病有预防和治疗的作用。

（2）消化系统

经常参加体育锻炼，一方面可以对肝及肠胃等器官起到一种类似按摩的作用，有效地防止内脏下垂和便秘等疾病的发生。另一方面，可促进和改善这些器官自身血液循环。由于血液供应充分，新陈代谢加强，使肝和肠胃等消化器官的功能得到增强，有利于器官病变的康复。

（3）心血管系统

坚持长期的体育运动，能改善心血管系统的功能，防治心血管系统的疾病，这已被世界各国医学界所公认。坚持体育锻炼不仅能增强心脏的功能，而且对心血管系统疾病，如冠心病、心肌梗死、高血压病、低血压、动脉硬化症等，能起到很好的防治作用。

(4) 神经系统

人体的各种行为都受神经系统控制，经常参加体育运动，可使神经系统的兴奋性和灵活性得到提高，从而提高大脑神经细胞的工作能力，使人的反应加快，动作更加灵活迅速、准确协调，还能预防因功能性神经衰弱等神经系统功能障碍引起的种种疾病。

2. 老年人进行有氧运动训练的益处

(1) 提高心血管适应能力

随着年龄的增长，心血管的一些指标开始下降，如血管的弹性下降，运动中的最大心率从 20 岁之后就呈现一个逐步下降的过程。另外，运动中的心输出量、心率、肺活量和心室射血分数也随着年龄的增长逐步下降。

研究证明，最大摄氧量随着年龄的增长逐步下降，经常参加活动的人的最大摄氧量，是那些久坐的人的最大摄氧量的一倍。对老年人来说，当锻炼在晚年开始的时候，最大摄氧量可能会有少许提高。

关于健身运动的研究表明，通过健身运动可使身体各部分生理功能显著提高。通常情况下，健身运动可以提高心血管功能，降低血压，降低安静时心率，减轻体重，塑造体型和增加骨密度等。研究认为，不考虑年龄和性别因素，健身运动与冠心病之间呈负相关，即锻炼越多，心血管系统疾病发生率越低。

埃文斯的研究认为，老年组经常从事锻炼获得的效益要比其他年龄组多，原因在于老年人的低功能状态和慢性疾病的高发生率。缺少锻炼导致的肌肉衰老是低功能状态的一个重要的决定性因素。因此，健身运动或许可以改变老年人群的身体虚弱状况。

(2) 控制身体重量

对体重超重的老年人，进行中等强度（≥60%的最大摄氧量）的有氧运动训练能有效减少身体脂肪总量。在不改变饮食习惯的情况下，超重的老年人进行中等强度的有氧运动训练，在 2~9 个月内平均可以减少 0.4~3.2 千克。虽然这些减少的身体脂肪总量，相对于随年龄所增长的体重而言似乎是微不足道的，但是有氧运动对减少腹部（内脏）脂肪有明显效果。

(3) 防止大脑老化

2007年3月,美国哥伦比亚大学神经学家斯莫尔宣布:增氧健身运动能健脑。他的科研团队在经过近10年动物研究的基础上,第一次把这个原理运用到人身上,即连续锻炼3个月之后,所有参加实验的人都有了新的神经细胞。

(4) 增进骨质健康

老年人因摔倒而造成的骨折或瘫痪是老年人群面临的较严重问题,通过健身运动可以显著改善这方面的情况。比如,一周3次,每次30分钟的散步或慢跑可以增加老年人的骨密度,这在很大程度上可以降低老年人因摔倒而造成的骨折。有氧运动训练可能有助于绝经后妇女有效对抗骨质丢失问题。低强度的有氧运动(如每周步行3～5次,持续1年以上),能增加绝经后妇女的骨密度(髋部和脊椎的骨密度增加0～2%)。这种运动有助于对抗衰老所产生的骨质丢失(不爱运动的人每年丢失0.5%～1%),降低髋部骨折的风险。进行高强度的有氧运动(如上下楼梯、快走、负重步行、慢跑等),至少在短期间内(1～2年)对绝经后妇女的骨密度有更明显的改善效果。

3. 老年人进行抗阻性运动训练的益处

老年人进行抗阻性运动训练,可以改善肌肉质量,增加肌肉力量和爆发力,提高肌肉耐力,并增进骨质健康,改善新陈代谢,提高身体的健康水平。

4. 老年人进行平衡训练的益处

多种形式的运动(通常包含力量运动、平衡运动和太极运动)可以有效降低跌倒对老年人的伤害。很多以跌倒风险高的人群(患有骨质疏松症的女性、虚弱的老年人、有跌倒经历的人)为对象的研究,探讨了年龄、运动与平衡能力之间的关系。研究结果显示,高水平的体育活动(特别是步行)可以降低30%～50%的骨质疏松性骨折的风险。研究显示,平衡训练活动(如下肢力量训练)能明显增强平衡能力。建议将平衡训练纳入运动计划中,以达到预防跌倒的目标。处于跌倒高风险的老年人可以从个性化制订的运动计划中得到好处。

5. 老年人进行柔韧性训练的益处

随着年龄增长,关节活动范围会变小,这样的改变与较差的柔韧性、行动能力、身体独立性有关。进行关节活动范围的运动可以改善老年人的柔韧性,但是,什么类型的关节活动范围运动(静态或动态)及需要多少运动量(频率、持续时间)对老年人是安全有效的,仍然需要进一步讨论。

二、运动能改善老年人的心理健康

研究已经证明,有氧锻炼可以改善心理状态,缓解抑郁、焦虑,提高自尊和认知能力。许多研究认为,与不锻炼者相比,运动者陷入抑郁和焦虑的风险更低。对于那些抑郁和焦虑患者来说,运动是一种良好的治疗方法。健身运动能够增强参加健身运动老年人的幸福感。

另外,一些研究者已经观察到参加健身运动老年人的心理健康水平得到了提高。

参与健身运动的另一好处是运动者对身体自我概念的认知和控制点有显著改变。控制点涉及行为结果的内部或外部原因。例如,一个人会倾向于解释发生在他身上的事,不论事情发生的原因是否在他控制的范围之内。我们对健康负责任的程度与我们感觉到的自我控制水平有关,许多老年人解释说,随着年龄的增长,他们对健康的自我控制力减弱了,于是更倾向于放弃控制。然而,有规律的锻炼可以改变他们的这种认知,从而增强自我概念而主动控制自己的健康。

老年人的认知能力开始逐步衰退,主要表现在信息加工速度下降、反应速度减慢、记忆力下降、注意力衰减等方面。健身运动可对提高认知能力产生积极的影响。

三、体育运动能提高生活质量

生活质量涵盖了人类生活的各个方面,是指人们对物质与精神文化需求的满意程度。

近年来，我国的社会生产力迅速发展，物质供应极其丰富，生活水平大幅度提高，满足了人们对生活质量的追求，但"文明病"开始出现。"文明病"之所以成为现代社会的常见病、多发病和高发病，主要原因之一是膳食结构的不合理和缺乏运动。在"文明病"出现的同时，人们对自身的生活方式和生活质量标准进行着反思和检讨，充分认识到健康对人类进步和发展的重要意义，对健康在提高生活质量的地位和作用有了清醒的认识，健康已成为现代社会最关注的问题。

提高人们生活质量的方法有很多，体育运动从提高生活质量的角度来看，分为健身运动、健美运动、娱乐体育和医疗康复运动四个方面的内容。

(1) 健身运动

健身运动的目的是强身健体，因此要选择能够发展和增强人体各器官系统功能的运动，主要包括走、跑、跳、投、各种球类运动、简易体操、健身操等。

(2) 健美运动

健美运动的目的是增强体质、锻炼肌肉、美化形体，因此要根据这些目的选择适合自己的运动内容。这类运动主要依靠锻炼肌肉、减少脂肪等来塑造形体，而且针对所要改造的形体部位设计专门的练习项目，并从人体美的角度，对各部位进行针对性训练，其方法主要包括举哑铃、杠铃，进行各种特制的健身健美器材练习，跳健美操、韵律操，以及克服自身重量的一些练习，如仰卧起坐、俯卧撑等。

(3) 娱乐体育

娱乐体育的目的是为了达到在闲暇时间寻求放松愉快的情绪体验，增进健康，从而在心理上、生理上得到满足。娱乐体育的特点是丰富多样的，按参加者在活动时的身体状态可分为三大类：第一类是观赏性的，主要是指观看各种体育竞赛，丰富文化生活；第二类是相对安静的活动，如钓鱼、棋牌等；第三类是具有休闲特点的运动性体育活动，主要包括台球、保龄球、门球、高尔夫球以及趣味体育游戏、登山等。

(4) 医疗康复运动

医疗康复运动以治疗各类疾病、减轻症状、促进身体康复为目的。

医疗康复运动的特点是针对性强,在运动负荷、运动方式方面有较严格的要求,并有严格的医务监督,还要配合药物治疗。例如:对防治各种"文明病"有重要作用的有氧代谢运动,包括:低强度、持续时间较长的走、跑、游泳、健身操、太极拳等;治疗某些有生理缺陷或功能障碍的各种体育矫正活动;促进外伤或脑血管方面的疾病所致瘫痪等患者所做的各种身体活动等。

第二节　与老年健康相关的生活细节

老年人的日常生活习惯对于健康长寿非常重要。良好的日常生活习惯,能够提高人体对自然环境的适应能力,提高预防疾病的能力,从而达到增强健康和延长寿命的目的。

一、烟酒茶与老年健康

1. 烟与老年健康

烟碱是烟草的主要成分,毒性很大,极易在口腔、呼吸道黏膜、胃肠吸收。吸烟的危害性很大,不仅阻止人体对维生素C的吸收,而且对维生素C有直接的破坏作用。吸烟可以诱发多种疾病,是呼吸道感染、消化性溃疡等疾病的诱发因素。

2. 酒与老年健康

酒被认为"百药之长",很多人认为只要喝酒方法得当、不过量,能起到强身健体的功效。但长期过量饮酒、一次大量饮酒是身体健康的大敌。过量饮酒可以使人失态、昏睡、呕吐,导致大脑功能紊乱,甚至智力衰退,反应迟钝,记忆力下降,还会损害肝脏,增加心脏负担,降低胃黏膜功能。

3. 茶与老年健康

茶是我国的传统饮料,茶有提神醒脑、促进消化、有益健康的作用。然而,过量饮茶会对身体造成很大的伤害,它会:稀释胃液,使人无法正常消化;阻碍人体对铁的吸收;使人容易便秘;诱发血压升高和心力衰竭。所以凡事有度,饮淡茶可以养生,饮浓茶有害健康。

二、环境与老年健康

环境问题是当今世界普遍关注的问题,环境包括地理环境、社会环境和居住环境。生态破坏和环境污染,不仅给经济发展和人民生活带来损失,而且会严重危害人民的身体健康。

1. 地理环境与健康

居住地的水土、气候环境,对人体的健康长寿是非常重要的。现代研究认为,海拔在1500~2000米的山区,阴离子密集,是促进长寿的好地方。

2. 社会环境与健康

社会环境同样和人们的身体状况密切相关。随着经济的发展,各种社会因素引发的意外伤害增多,人口老龄化及社会现代化中的一些问题也引起了疾病谱的变化等。由于人们具有生物属性和社会属性,就必须重视社会环境因素对健康与疾病的影响。

3. 居室环境与健康

居室环境对健康的影响也不容忽视,因为人大约有一半的时间要在住宅环境中度过,而老年人几乎80%的时间在室内。世界卫生组织提出了对居室环境的基本要求如下:

① 日照充足。老年人更需要足够的阳光,居室内每日要保证日光照射2小时以上。

② 采光良好。住宅内要有良好的光线,窗户的有效透光面积和房间地面面积之比不应小于1:10。

③ 层高适当。一般说来,南方住宅的层高应大于2.8米,北方住宅层高以2.6~3.0米为宜。

④ 温、湿度适宜。室内上限温度不超过32℃,下限温度不低于

11℃；相对湿度以 40%～60%较为舒适。

⑤ 空气清洁度达标。居室内空气中某些有害气体、代谢产物、浮尘和细菌总数不能超过一定含量。

⑥ 居室布置合理。老年人的居室面积不必太大，但布局要合理。室内设施简单整齐，美观大方，地面平坦不滑，并便于清扫。

三、睡眠与老年健康

科学研究发现，优质睡眠可以延缓人体衰老，消除疲劳，使脑神经、内分泌等得到调节，促进身体的生长发育和自我修复，增强免疫功能，提高对疾病的抵抗力。

睡眠具有两种重要的生理功能：一是对大脑皮层细胞起保护作用，避免大脑皮层细胞过度疲劳而受损，并使其功能得以恢复；二是睡眠时身体内的新陈代谢和各种生理活动减弱，全身能量消耗减少，体内合成代谢超过分解代谢，各种组织消耗的能量得以补充，为第二天的活动准备了新的能量。因此，睡眠是人体精神和体力恢复的最好方法，是生命活动不可缺少的生理现象。

人体每天需要的睡眠时间因年龄、性格、健康状况、劳动强度、营养条件、工作环境的不同而有所差异。成年人的睡眠时间一般每天 8 小时左右。过去认为，老年人因为新陈代谢减慢及体力活动减少，所需睡眠时间可以少些，但现在研究认为睡眠时间不能减少，而且随年龄增长还应增加。60～70 岁的老人，每天应睡 8 小时左右；70～90 岁的老人，每天应睡 9 小时左右；90 岁以上的老人，每天应睡 10～12 小时。女性比男性的睡眠时间要长一些。

正常的睡眠，不仅取决于睡眠时间的长短，而且取决于睡眠的质量。一般要求，正常睡眠应以精神和体力的恢复为标准，如果醒后疲劳消失，头脑清醒，精力充沛，无论时间的长短，都属于正常睡眠。

午睡是一种有益于健康的良好生活习惯，特别是老年人，每天坚持午睡对于身体健康更为重要。老年人由于大脑皮层抑制功能减弱，一般在夜间不易入睡，造成睡眠不足，而导致疲乏无力，食欲不振，甚至出现"低血糖"等情况，损害身体健康。为了弥补这种睡眠不足，增加午睡是一种容易做到的办法，即使睡不着，闭目养神对身体也有好处。午睡时应该注意以下几点要求：

① 一般应选在午餐后30分钟进行，这样可以保证胃内食物有一定的消化时间。

② 每日午睡时间1~2小时左右，这样可完全消除因睡眠不足造成的疲劳。

③ 不要伏在桌上睡，这样睡，头部压在手臂上时间长了会使手臂麻木。

④ 要防止着凉，特别是夏季，不要在通道上午睡，以免穿堂风吹袭，使人着凉而感冒。

四、肥胖与老年健康

肥胖本身就是疾病，其危害程度高于吸烟的4倍。肥胖与多种疾病的发生有关，是糖尿病、心血管系统疾病、高血压病甚至是某些癌症的危险因素。据统计，肥胖者随着体重的增长，病死率也相应增加。由于肥胖影响呼吸功能，使呼吸短促，易于疲劳，而不能承受较重的体力劳动。肥胖的人还常伴有头痛、头晕、心悸、腹胀和下肢水肿等症状。由于肥胖，其糖耐量降低，使糖尿病的发病率比正常人高4倍。另外，肥胖容易发生高血压病、冠心病、痛风、胆结石和胰腺炎等疾病。特别是老年人，因为新陈代谢降低，活动量减少，体内钙的吸收和储存减少，体重增长会使脊柱和关节变形。

为了减少肥胖的发生，应提倡老年人养成健康的饮食习惯，如摄入低热量食物，增加蔬菜、水果、谷物的摄入。此外，还要增加体育锻炼。具体地说，每星期至少应有3次一定强度的运动，每次持续30分钟左右，如走路、慢跑、骑车、跳舞、太极拳等。

第三节　老年人的运动营养

随着年龄的增长,老年人的活动量逐渐下降,代谢功能逐渐降低,机体形态和生理功能也发生了一系列的改变,对营养的吸收及热能供给有别于青壮年时期。鉴于老年人对膳食营养的特殊需求,老年人在食物搭配上,要粗细搭配,食物应松软、易于消化吸收。针对素食或患有慢性病的老年人,更要注意营养搭配。对于服药的老年人,其饮食与药物的作用也应该注意,避免因食物的食用不当而造成对身体的伤害。

一、我国目前的膳食结构

我国人民自古以来的膳食结构是以植物性食物为主、动物性食物为辅。随着国民经济的发展和农业生产水平的提高,我国国民的膳食结构有了很大的改变。我国人民的膳食结构现在是以粮食为主,搭配适量蔬菜、水果和一定肉食及大豆制品,近年来我国人民的膳食结构发生变化,其中以大城市的变化更为明显,变化特点主要表现为:粮食消费下降,动物性食物成倍增加。随着膳食结构的变化,营养组成也发生了明显变化。这种膳食结构的改变,极大地提高了我国人民的身体素质。

从总体上讲,我国多数地区居民膳食结构中的人均每日主要营养素已能满足成人一般工作和适当体力活动的需要,基本达到了世界卫生组织的膳食营养素供给量标准。

可以通过以下基本措施来调整和改善:

① 增加豆制品供应。我国膳食结构中优质蛋白质摄取量过低,其中豆类食物消费量明显偏低。我国作为大豆的故乡,一直有食用大豆及其制品的传统,再加上大豆含蛋白质40%左右,且为完全蛋白质,含脂肪20%左右,是唯一能代替动物蛋白的植物性食物,被营养学家认

为是 21 世纪全球最有潜力的食物。

② 优化膳食组成。对于贫困地区营养不足的膳食组成，首先增加供应含优质蛋白质的豆制品，适当增加肉类食品的供给量；对于大、中城市营养过剩型的膳食组成，要增加蔬菜、水果，控制动物性脂肪和热量的摄入量。

③ 改变筵席的膳食组成，提倡科学文明的消费习惯。对我国传统筵席的改变应坚持以科学、文明的膳食消费为原则，树立现代营养观。要根据进餐者的实际营养需要，设计筵席的菜肴种类和数量，达到营养平衡。同时避免互相攀比，反对暴饮暴食和铺张浪费，增强饮食卫生观念，可以推行自助餐或分餐制，防止疾病通过食物和餐具传播，以保障就餐者的身体健康。

④ 加强营养科学的传播和普及。通过大力宣传、普及营养科学知识和食品卫生常识，提高我国国民的健康素质和膳食营养知识水平，指导我国人民合理膳食。

二、老年人对膳食营养的特殊需求

随着生活水平的提高，我国居民对主食的摄入量减少，食物加工越来越精细，对粗粮的摄入量减少，而对油脂的摄入量较高，这导致 B 族维生素、膳食纤维和某些矿物质摄入不足，会使慢性病发生率增加。粗粮中含有丰富的 B 族维生素、膳食纤维、钾、钙和植物化学物质等。老年人消化器官的生理功能有不同程度的减退，他们的咀嚼功能和胃肠蠕动减弱，消化液分泌减少。许多老年人容易发生便秘，患高血压病、血脂异常、心脏病、糖尿病的概率增加。因此，老年人选择食物要注重粗细搭配，食物的烹制宜松软易于消化吸收，以保证均衡营养，从而促进健康，预防慢性病的发生。

1. 老年人吃粗粮的好处

粗粮中含有丰富的 B 族维生素和矿物质，它参与三大营养素（碳水化合物、脂肪、蛋白质）的代谢，还有增进食欲改善消化功能和神经系统功能等作用。粗粮中的膳食纤维含量高，能起到防治便秘的作用。另外，粗粮的热量较低，有利于控制体重，防止肥胖。吃粗粮或全谷类食物，餐后血糖变化小于吃精制的米面，血糖指数（GI）比较低，可以延缓糖的吸收，有助于糖尿病患者对血糖的控制。世界卫生组织、联合国粮农组织和许多国家的糖尿病协会、营养师协会都推荐糖尿病患者食用高纤维、低血糖指数的粗粮来控制血糖和体重。粗粮中含丰富的可溶膳食纤维，可减少肠道对胆固醇的吸收，促进胆汁的分泌，降低血胆固醇水平。同时，粗粮中富含的植物化学物（如木酚素、芦丁、类胡萝卜素等），具有抗氧化作用，可降低发生心血管疾病的危险。

2. 老年人一天的粗粮食用量

每天食用85克以上的全谷类食物可以帮助控制体重，减少某些慢性疾病的发生风险。因此，建议老年人每天最好能吃100克（2两）粗粮或全谷类食物。

3. 老年人的食物宜松软而易于消化

在适合老年人咀嚼功能的前提下，要兼顾食物的色、香、味、形。要注意烹调方法，以蒸、煮、炖、炒为主，避免食用油腻、胶制、煎、炸、烤的食物。

老年人宜选用的食物包括柔软的米面制品，如面包、馒头、麦片、花卷、稠粥、面条、馄饨，细软的蔬菜、水果、豆制品、鸡蛋、牛奶，以及适量的鱼虾、瘦肉、禽类等。

三、合理安排饮食，提高生活质量

合理安排老年人的饮食，使老年人保持健康的心态和愉快的进食过程。家庭和社会应当从各个方面保证老年人的饮食质量、进餐环境和进食情绪，使老年人吃到丰富的食物，保证老年人需要的各种营养素摄入充足，以促进老年人的身心健康，减少疾病发生，延缓衰老，提高生活质量。

1. 与家人一起进餐

老年人的进餐环境和进食情绪状态十分重要，和家人一起进餐往往比单独进餐具有更多的优点。老年人与家人一起进餐比单独进餐吃得好,不仅能增加对食物的享受,还能促进消化液的分泌、增进食欲、促进消化。老年人和家人一起进餐有助于交流感情,了解彼此在生活、身体、工作方面的状况,使老年人享受家庭乐趣,消除孤独,有助于预防老年人心理疾病的发生。

2. 老年人营养需要的特点

老年人由于活动量减少,消化功能衰退,导致老年人食欲减退,能量摄入降低,必需营养素摄入也相应减少,更容易使老年人的健康和营养状况受影响。

为适应老年人蛋白质合成能力降低、蛋白质利用率低的情况,膳食中应选用优质蛋白质。老年人的胆汁酸分泌减少,酶活性降低,消化脂肪的功能下降,所以摄入的脂肪能量比应以20%为宜,并且要以植物油为主。老年人的糖耐量较低,胰岛素分泌减少,而且血糖调节功能降低,容易发生高血糖,所以不宜过多食用蔗糖。

老年人的骨矿物质不断丢失,骨密度逐渐下降。女性绝经后由于激素水平变化,骨质丢失更严重。另外,老年人的钙吸收能力下降,如果膳食中的钙摄入不足,更容易发生骨质疏松和骨折,所以应注意钙和维生素D的补充。

锌是老年人维持和调节正常免疫功能所必需的;硒可提高抗氧化能力,与延缓衰老有关。适量的铬可以使胰岛素充分发挥作用,并且使低密度脂蛋白水平降低,高密度脂蛋白水平升高。因此,老年人应当注意摄入富含这些微量营养素的食物。

老年人多发病与维生素不足有关。维生素A可以减少老年人皮肤干燥和上皮角化。胡萝卜素能清除过氧化物,有预防肺癌的功能,还可增强免疫功能,预防白内障的发生。维生素E有抗氧化作用,能减少体内脂质过氧化物,消除脂褐质,降低血胆固醇浓度。许多老年人对B族维生素摄入不足,需要特别注意补充叶酸等B族维生素。维生素C有防止血管硬化的作用。因此,老年人应经常食用富含各类维生素的食物。

四、人体酸碱平衡与饮食

人体是一个处于动态平衡的有机整体,正常情况下人体内的 pH 值为 7.4 ± 0.05,这种状态称为中性体质。如果人体内酸性物质过多,使血液酸性化,称之为酸性体质;反之,血液碱性化,则是碱性体质。酸性体质的人有一种特殊的疲劳感,久之便会引起记忆力减退,思维能力下降,甚至影响大脑和神经功能。酸性体质还是许多疾病发生的温床,如心血管系统疾病,70%的患者为酸性体质。有人易脱发、皮肤粗糙也与酸性体质有密切关系。

饮食习惯对体内酸碱度有影响。长期偏食可造成酸性体质或碱性体质。改善饮食习惯,可使人体内的酸碱度趋于正常。运动和劳动后要多食碱性食物以中和体内的酸性物质,消除肌肉、关节的酸痛感。减肥有饥饿感时,可以吃含纤维素多的低热量碱性食物,既可消除饥饿感,又可中和体内的酸性物质。

一般来说,使体质酸性化的食物,是含硫、磷、氯等化学成分的食物,如强酸性食品有牛肉、猪肉、鸡肉等,弱酸性食品有火腿、鸡蛋、龙虾、豌豆、巧克力、葱等。使体质碱性化的食物,是含钠、钾、钙、镁等化学成分的食物,如强碱性食物有牛乳、茶、柿子、黄瓜、胡萝卜、菠菜、柑橘、海带等,弱碱性食品有马铃薯、笋、油菜、南瓜、豆腐、香蕉、苹果等。老年人在饮食中应该注意酸、碱食物的平衡搭配,对于保持中性体质,增进健康是有益的。

五、重视预防营养不良和贫血

随着年龄的增长,老年人会出现不同程度的衰老,包括器官功能减退、基础代谢降低等,并可能存在不同程度和不同类别的慢性疾病。由于生理、心理因素的影响,可能使老年人摄取的食物量减少而导致营养不良。另外,由于体力活动减少,牙齿、口腔问题的出现,可能导致食欲减退,能量摄入降低,必需营养素摄入减少,从而造成营养不良。60岁以上老年人低体重的发生率是 45~59 岁中年人的 2 倍;其贫血患病率远高于中年人群。因此，老年人要重视预防营养不良和贫血。

1. 体重不足对老年人健康的负面影响

老年人营养不良的明显表现是体重不足。体重不足是长期的能量、蛋白质摄入不足的结果，同时其他微量元素也可能摄入不足。体重不足会对老年人的健康产生一系列危害。

（1）易患疾病

体重下降往往伴有体内代谢紊乱，蛋白质合成减少，出现负氮平衡，抗体合成减少，免疫功能和抵抗力下降而容易患上疾病，尤其是传染病的发生概率增大。

（2）骨折率上升

在一定范围内，体重与骨密度成正比，体重较轻的人容易骨折，而身体瘦弱的人在跌倒时缺少脂肪保护，也容易导致骨折。

（3）损伤及外科伤口愈合缓慢

当身体受伤或手术后的伤口愈合时，需要较多的能量和蛋白质，饮食中往往不能提供全部营养需要。因此，缺乏能量储备的瘦弱者，愈合过程较慢。

（4）某些应激状态的耐受力低下

受损伤、环境刺激、饥饿、外科手术等都使人体处于应激状态。正常人可以通过增加激素分泌，调动体内代谢来应对应激状态，而身体消瘦的人不能很好地应对应激状态。

（5）对寒冷抵抗力下降

身体瘦弱的人体内缺少足够的脂肪来防止身体的过量散热，因而容易出现畏寒症状。

（6）经不起疾病消耗

发烧或患有慢性消耗性疾病时，容易变得更消瘦，身体瘦弱的人因为缺乏脂肪储存而只能使组织蛋白质燃烧以提供能量。

2. 预防老年人营养不良与体重不足的原则

（1）保证充足的食物摄入，提高膳食质量

增加营养丰富、容易消化吸收的食物。选择食物时，更应注意保证奶类、瘦肉、禽类、鱼虾和大豆制品的摄入，按照饮食习惯烹制合乎口味的食物，以保证能量和优质蛋白质的摄入，使体重维持在正常范围。

（2）适当增加进餐次数

老年人由于胃肠道功能减退，如果一次进食较多，食物不易消化吸收，故可以少量多餐，每天进餐4～5次，这样既可以保证需要的能量和营养素，又可以使食物得到充分吸收和利用。对于已经出现营养不良或低体重的老年人，更应注意逐步增加食量，使消化系统有适应的过程。

（3）适当服用营养素补充剂

部分老年人由于生理功能的下降和疾病等因素，不能从饮食中摄取足够的营养素，特别是维生素和矿物质，因此可以适当服用营养素补充剂。

（4）及时治疗原发疾病

老年人支气管炎、肺气肿、肿瘤、心脑血管疾病、胃肠疾病的发生率增加，这些疾病容易导致营养不良。因此，积极治疗原发疾病是改善营养状况的重要措施。

（5）定期称量体重

体重减轻是老年人营养不良的主要表现。如果体重突然下降，可能是一些重大疾病发生的前兆。因此，老年人应经常关注体重。

3. 贫血对老年人健康的影响

① 贫血可使免疫力低下，致机体抵抗力减弱，容易发生疾病感染。

② 贫血可使神经系统和肌肉缺氧，容易出现疲倦乏力、头晕耳鸣、神情淡漠、记忆力衰退、抑郁等症状和认知功能受损，造成体能和工作能力降低。

③ 老年人贫血容易对心脏产生不良影响，由于血红蛋白携氧能力减弱，心脏耐缺氧的能力下降，而老年人大多有不同程度的心血管系统疾病，会出现心慌、心跳加快，使心脏负荷加重，严重时可导致心律失常、心脏扩大、心力衰竭。

④ 由于血红蛋白减少，氧气的运送能力减弱，稍微活动或情绪激

动可导致血液含氧量进一步降低和二氧化碳含量升高,使人出现气急、面色苍白、出冷汗等症状。

⑤ 贫血时,消化功能和消化酶分泌减少,可导致食欲不振、恶心、呕吐、腹胀、腹泻等。

⑥ 贫血可导致血管收缩和肾脏缺氧,使肾功能受损,可出现尿素氮升高,甚至蛋白尿,同时会加重原有的肾脏疾病。

4. 防止老年人贫血的原则

(1) 增加食物摄入

贫血的老年人要增加食物摄入量,增加主食和各种副食品,保证能量、蛋白质、铁、维生素 B_{12}、叶酸等供给,为机体提供造血的必需原料。

(2) 调整膳食结构

一般来说,老年人对动物性食物摄入较少,而人体对植物性食物中铁的利用率不高。因此,贫血的老年人应当适量增加瘦肉、禽、鱼、动物血和肝的摄入。动物性食品是铁元素的良好来源,人体对其吸收利用率高,而且其中维生素 B 含量丰富。新鲜的水果和绿叶蔬菜,可提供丰富的维生素 C 和叶酸,促进人体对铁的吸收和红细胞合成。吃饭前后不宜饮用浓茶,以减少鞣酸等物质对铁吸收的干扰。

(3) 选用含铁的强化食物

铁的强化食物包括强化铁的酱油、强化铁的面粉等。国内外研究表明,食物强化是改善人体铁缺乏和缺铁性贫血最经济、最有效的方法。

(4) 适当使用营养素补充剂

当无法从膳食中获得充足的营养素时,可以有选择性地使用营养素补充剂,如铁、B 族维生素、维生素 C 等。

(5) 积极治疗原发病

许多贫血的老年人,除了膳食营养素摄入不足以外,还患有其他慢性疾病。这些慢性疾病也可以导致贫血。因此,需要到医院查明病因,积极治疗原发性疾病。

六、老年人的能量和营养素需求

老年人对营养素的摄入应根据老年人机体形态和生理功能的特点做针对性的合理补充,保证老年人的各种营养搭配合理,以利于健康。

1. 能量

能量是人体维持生命活动所必需的。在运动和正常代谢过程中,人体需要一定数量的能量。食物中的碳水化合物、脂肪和蛋白质是人体最主要的能量来源。这三大营养素广泛存在于食物中,动物性食物中含有较多的脂肪和蛋白质;植物性食物中的油料作物籽仁含有丰富的脂肪;谷类中则以碳水化合物为主。大豆除含脂肪外还有丰富的蛋白质;蔬菜和水果中含能量比较少。碳水化合物、脂肪和蛋白质三种营养素在代谢中彼此不能完全替代,因为它们在人体内各自具有独特的生理功能。

(1) 老年人运动的能量消耗

根据中国人的饮食习惯,在摄入的总能量中,碳水化合物提供的能量占50%～60%,脂肪提供的能量占20%～25%,蛋白质提供的能量占15%～20%。随着年龄的不断增长,老年人活动量逐渐减少,能量消耗降低,机体内脂肪组织增加,而肌肉组织和脏器功能减退,机体代谢过程明显减慢,基础代谢要比青壮年时期降低10%～15%,75岁以上老人可降低20%以上。因此,体重超重的老年人每天应适当控制能量的摄入。

流行病学调查资料表明,肥胖、体重超重或低体重、消瘦的老年人,各种疾病的发生率明显高于体重正常者。因此,老年人应将体重控制在标准范围内,以减少疾病发生。

(2) 老年人运动能量消耗的分配

世界卫生组织规定,老年人的蛋白质每日需要量为每千克体重0.6克。美国规定老年人的蛋白质每日需要量为每千克体重0.8克。日本规定为每千克体重1.2克。根据我国人民的饮食习惯,老年人的蛋白质供给量按每天每千克体重1～1.5克为宜,一天的蛋白质摄取量为60～70克,占膳食总能量的12%～15%。

脂肪虽然对老年人的身体有一定的生理意义，但经常食用高脂肪食物易引起老年性疾病的发生，脂肪的摄入量应以能满足老年人的生理需要的最佳水平为准。建议老年人摄取脂肪能量占总能量的20%～25%为宜，即每日摄取脂肪量30～40克为宜，且宜吃含不饱和脂肪酸较多的植物油。

老年人膳食中糖类的供给量标准应占总量的50%～60%。老年人的糖类摄取量不宜过多，尽量以淀粉为主，纯糖不要超过10%。果糖在人体内能变成脂肪的可能性比葡萄糖小，节省蛋白质消耗的作用比较明显，果糖对老年人较为合适。

2. 常量营养素

（1）碳水化合物

碳水化合物易于消化吸收，是人体最重要的能源物质，能为人体提供大约70%的能量。老年人体内的胰岛素对血糖的调节作用减弱，糖耐量低，故易使血糖升高。如果某些简单的碳水化合物摄入过多，在体内可转化为甘油三酯，容易诱发高脂血症。因此，老年人应当控制糖果、精致点心的摄入量。一般认为每天摄入蔗糖量不应超过30～50克，对碳水化合物的摄入量一般应占总能量的50%～60%，老年人可以食用一些含果糖多的食物，如各种水果、蜂蜜、果酱等。

（2）脂肪

人出生时脂肪占体重的12%。除鲸鱼外，人的脂肪含量最高。我们每天的生活离不开脂肪，它是人体重要的能量来源之一。同时，食物中的脂肪含有一些脂肪酸，是人体中不可缺少的物质之一。若脂肪摄入不当，则会给人体带来不利影响，从而导致高脂血症、冠心病等疾病的发生。

不同来源的脂肪，其脂肪酸的组成有很大差异，因而对人体的作用不同。一般来说，食物脂肪酸有以下3种：

① 饱和脂肪酸。它在动物性食物中含量丰富，可使血液中胆固醇含量增高。

② 单不饱和脂肪酸。它存在于各种不同的食物中，主要作用是为

人体提供热能，不影响胆固醇含量。

③ 多不饱和脂肪酸。它在植物性食物中含量丰富，可降低胆固醇含量，抑制血栓形成。

值得注意的是，对脂肪的摄入并非多多益善，脂肪摄入过多，尤其是动物性脂肪摄入过多，可以引起肥胖、高脂血症、动脉粥样硬化、冠心病等。脂肪供给量易受饮食习惯、季节、气候的影响。一般老年人每日饮食中摄入 30～40 克脂肪，即可满足人体生理需要。除了各种食物中所含的脂肪外，选择食用油时，应当尽量少用动物油脂，宜食用豆油、葵花籽油、花生油等植物油。

（3）蛋白质

蛋白质是人体最基本的营养物质。老年人对维持机体氮平衡所需要的蛋白质数量要高于青壮年，而且老年人对蛋氨酸、赖氨酸的需求量也高于青壮年。但是，老年人对蛋白质的利用率下降。因此，老年人必须补充足够的蛋白质，这对维持老年人机体正常代谢、补偿组织消耗的蛋白质、增强机体抵抗力具有重要作用。

中国营养学会推荐老年人每日蛋白质的摄入量应当占总能量的 15%～20%。蛋白质摄入量一般是：60～69 岁的老年人，男性每日摄入 70～80 克，女性每日摄入 60～70 克；70～79 岁的老年人，男性每日摄入 65～70 克，女性每日摄入 55～60 克；80 岁以上的老年人，男性每日摄入 60 克，女性每日摄入 55 克。以上大致相当于每日每千克体重摄入蛋白质 1.0～1.5 克，而且要求蛋白质摄入中有一半来自优质蛋白质，即动物性食品和豆类食品。

3. 微量营养素

（1）维生素

① 维生素 C。维生素 C 是一种具有广泛生理作用的营养素。维生素 C 能增强机体免疫力，增强机体对传染性疾病的抵抗力，既可用于防治感冒，又具有防癌作用，它可维持毛细血管的完整（如维生素 C 缺乏可以引起坏血病，导致牙龈、皮下出血），促进铁的吸收，对缺铁性贫血有辅助治疗作用。维生素 C 具有解毒功能，能拮抗组胺和缓激肽，防

止过敏性疾病和结缔组织病的发生；它还参与脂肪代谢调节，促进血胆固醇转化，降低血脂。在临床上，维生素C广泛应用于高脂血症、克山病、风湿病、出血性疾病、肝胆疾病、过敏性疾病、结缔组织病、化学性中毒等疾病的治疗。因此，维生素C对老年人保持身体健康和防治疾病十分必要，特别是老年人由于消化吸收功能减退，体内血浆和白细胞内维生素C含量均明显下降，故给老年人补充充足的维生素C显得尤为重要。我国推荐的老年人每日维生素C摄入量为60毫克。老年人应当经常进食足量的新鲜蔬菜及水果，必要时可适量补充维生素C制剂。

② 维生素A。维生素A能维护上皮组织健康，增强抗病能力，具有抗癌作用，对老年人保持健康十分重要。由于富含维生素A的食物（如动物肝脏、蛋黄、奶油等）也是含胆固醇较高的食物，而胆固醇的摄入量对老年人来说则是需要加以控制的，这就限制了维生素A的摄入。为解决这一矛盾，可选择一些含有胡萝卜素的蔬菜，因为胡萝卜素在体内可转变成为维生素A，必要时可以补充维生素A制剂。

③ 维生素D。维生素D缺乏可以引起老年性骨质疏松症，妊娠分娩次数较多的老年妇女，因维生素D缺乏引起骨质疏松症更为常见。老年人对含维生素D的食物需求量应当高于青壮年时期，我国推荐每日摄入量10微克。由于皮肤中含有维生素D的前体物质（7-脱氢胆固醇），经阳光中紫外线照射后可以转变为具有生物活性的维生素D_3，故提倡老年人适当增加一些户外光照时间。有些需口服维生素D制剂的老年人，需当心因体内排泄较慢而容易发生蓄积中毒的问题，一般应在医生指导下进行。

④ 维生素E。脂质过氧化物的产生，能损伤细胞膜，使衰老过程加速发展。维生素E是一种有效的抗氧化剂，能减少体内脂质过氧化物的产生，稳定生物膜结构，对机体具有保护作用。根据组织细胞学研究，人体细胞从发生到死亡，大部分细胞可分裂50次，每次分裂周期大约2.4年，所以人的自然寿命应当为120年左右。体外细胞培养试验证明，维生素E可以使细胞分裂次数增至120次左右，而且使细胞保持比较年轻的状态，因此，维生素E具有抗衰老、延年益寿的作用。随着年龄的增长，细胞内脂褐质增多，其他组织会发生脂褐质沉着，维生素

E能消除脂褐质并改善皮肤弹性。此外，维生素E具有降低血胆固醇浓度、抑制动脉粥样硬化的作用，还能增强机体免疫功能，具有抗癌功能。我国推荐老年人维生素E每日摄入量为12毫克。各种植物油是维生素E的最好来源，必要时可以补充维生素E制剂。

(2) 矿物质

① 钠。人体中的钠主要来自食盐中的氯化钠，一般情况下不易发生缺乏。但是钠摄入过多危害很大。摄食过咸的食物可能因钠在体内过多积累，导致循环血量增加，容易诱发高血压病、心脏病及水肿等疾病。老年人应当控制食盐的摄入量，每天最好控制在5克以下，患有高血压病、冠心病的老年人更应减少食盐摄入量，尽量少食含盐较多的卤制品、腌制食品等。

② 钙。老年人常常因为胃酸分泌减少，胃功能减退，使钙的吸收减少，加上体内代谢过程中对钙的储存及利用能力下降，常发生钙负平衡的状况。随着年龄的增长，骨组织的重量逐渐减少，大约每10年男性骨质可减少4%，女性可减少8%~10%，因此常发生骨质疏松症，特别是在高龄老人及分娩次数多的老年妇女中更常见，严重者容易发生骨折。为避免这种情况发生及恶化，老年人每日饮食应当注意摄入一些含钙丰富的食品，如牛奶、大豆及大豆制品、芝麻酱、木耳、海带等，并且经常晒太阳使皮肤中的7-脱氢胆固醇转变为维生素D_3，以促进钙的吸收利用，必要时还可以口服钙制剂、骨粉和维生素D制剂。我国推荐老年人每日对钙的摄入量为600毫克。

③ 铁。老年人对铁的吸收利用能力下降，容易发生缺铁性贫血。缺铁是世界性的老年营养问题，而老年人对食物铁的吸收率较低，受许多因素影响。人体对植物性食物中铁的吸收率一般低于10%，食物中的植酸盐、草酸盐的存在以及胃酸缺乏时均可影响铁吸收。动物性食物中的铁一般多为血红素铁，可以直接被人体吸收且吸收率高于植物性食物，一般吸收率可达20%左右。含铁比较丰富的食物有大豆及其制品、黑豆、豌豆、荠菜、香菜、桂圆、猪肝、肾、乌鱼、虾籽、淡菜、芝麻酱等。此外，炒菜时宜选用铁锅，世界卫生组织出于预防缺铁性贫血的考虑，向世界建议推广应用铁锅。

④ 钾。钾是细胞内液中主要的阳离子，与心肌的正常生理功能关系密切。饮食中应当有足够的钾供给才能够满足机体需要。老年人体内的钾含量较低，需从食物中补充。含钾较丰富的食品主要有各类水果和蔬菜。

⑤ 锌。老年人缺锌时可以导致味觉失灵，缺锌会使心肌梗死、慢性肾炎、关节炎等疾病的发生率增高，故老年人应当注意对锌的补充。含锌量比较丰富的食物有瘦肉、鱼类、豆类及小麦，尤其是麦麸中含锌量较高，所以食物不宜过于精细。

⑥ 氟。氟是人体必需的微量元素之一。对氟的摄入不足，易导致龋齿，对老年人来说则容易导致骨质疏松症。氟在粮食及蔬菜中含量不高，许多地区饮水中含量也很低，但茶叶中含氟量比较高，故提倡老年人适当饮茶，可以减少老年人骨质疏松症的发生。

⑦ 铬。铬是体内葡萄糖耐量因子的重要组成部分，与葡萄糖耐量有关，还能降低血胆固醇，提高高密度脂蛋白，有利于防治动脉粥样硬化，故老年人应当注意铬的补充，含铬丰富的食物有啤酒、粗制糖、黑胡椒、瘦肉等。

⑧ 硒。硒与心肌代谢有关，缺硒会引起心肌损害及使某些肿瘤发病率增加。老年人对硒的补给不容忽视，含硒量相对丰富的食品有瘦肉、干豆等。

4. 水

水是生命之源，是人类赖以生存和发展的重要物质基础。水是构成人体的重要物质，人体组成的65%左右是水，没有水就没有生命。正常人每天需要2500～4000毫升水。在机体内，水的一部分与生物分子结合存在，在塑造细胞、组织方面起重要作用；另一部分为非结合状态的水，主要作为细胞内外重要溶剂而起作用。

传统观点认为，大量饮水可稀释尿中存在的致癌物质，能及时把体内代谢产物排除，从而防止结石等多种疾病。但过量饮水会对身体有危害。如美国纽约州立大学医学工作者的一项研究表明，每天饮用水过多者会增加患膀胱癌的风险。另一研究发现，饮水过多会冲淡血液，使全身细胞的氧交换受到影响,特别是脑细胞一旦缺氧,人就会变得迟钝。

饮用的水质不佳也会对机体有危害。据世界卫生组织调查,世界上80%的疾病与水或水源污染有关。此外,经常喝未烧开的自来水,也可能增加膀胱癌和直肠癌的发病率,这是因为氯与水中残留的有机物相互作用产生二羟基化合物,该化合物是一种有毒的致癌化合物。

在有些特殊情况下,比如人体发热、腹泻、呕吐、多尿或昏迷以及炎热出汗时,都会失去大量水分,这种情况就需要补充水分。早晨人的血液凝固度比晚上大1.6倍,早晨锻炼者应多喝水,这样能把血液中可能产生的活化因子加以稀释,并经血液的冲刷作用把局部的凝血物冲散,同时能补充运动和夜晚丢失的水分。

老年人在运动时,不仅要消耗大量热能,也丧失大量水分。当失去1%体重的水时,心血管系统负担就开始加重,并影响散热速度;当失水量占体重的4%~5%时,肌肉的工作能力下降20%~30%;当失水量占体重的10%时,则会造成循环衰竭。大量出汗还可造成电解质丢失、血液浓缩、运氧能力下降等一系列问题。为避免脱水带来的损害,老年人在运动时应注意补充水分,以保证生理功能正常。运动中对水分的补充,应采取少量多次的办法,补充液体的总量应视运动者的失水情况而定。一般补充6~12℃的低渗液体,浓度约2.5%,如运动前10~15分钟可饮水300~500毫升,保证体内有充分的水分,运动中每10~20分钟饮水150毫升左右,这样既随时补充了水分,又不增加胃肠和肾脏的负担。一次补充水最大量以每小时不超过800毫升为宜。运动强度小或有潜隐心血管系统疾病的老年人,应适当减少补水量。

部分老年人对口渴很不敏感,这与其口舌部的感觉神经功能减退有关;另外,中老年人血浆肾上腺素水平下降,而心钠素分泌增加,从而导致体内钠离子丢失,使体内对口渴的反应减弱。因此,一个体重60千克的老年人,即使不口渴,每日也应饮水1500~2000毫升,以满足机体需要。老年人结肠肌肉会萎缩,排便能力较差,加上肠道中黏液分泌减少,所以大便容易秘结。老年人应多饮水,但老年人心肾功能欠佳,过量饮水必会加重心、肾负担,因此,老年人饮水要适量,一般饮水量控制在每日2000毫升左右。

七、素食老年人的运动营养问题

随着营养过剩导致的高血压病、冠心病、糖尿病、高脂血症、肥胖症等"富贵病"发生率的增高,为了追求健康,素食的老年人明显增多,这在一定程度上对预防"富贵病"起着积极作用。但是,由于某些营养素(如脂肪、维生素 B_{12}、铁等)较难从素食中获得,素食老年人在日常生活和体育锻炼中一定要注意营养均衡,以免对健康造成严重危害。

1. 素食老年人的营养特点

素食者是指不食用肉类、鱼类、禽类及其副产品的人。素食者根据不食动物制品程度的不同可以分为 3 类:半素食者、乳蛋素食者和绝对素食者。半素食者是指食用畜类及其制品以外食物的人;相对素食者(比例最高)是指食用鸡蛋和牛奶及其制品的人;绝对素食者是指只吃谷类、蔬菜、水果的人。一般来说,半素食者与相对素食者的营养摄入比较充足、合理,因为他们能够从鸡蛋和奶制品中摄入优质的蛋白质。但是由于缺乏摄入动物性食物,他们通常会缺乏矿物质。而绝对素食者的营养比相对素食者的更加匮乏,他们不但缺乏矿物质,而且缺乏优质蛋白质。

营养素是维持生命的重要要素之一。素食老年人因长期食素会导致某些营养素缺乏,脂肪和蛋白质等物质不足或摄入的营养素之间不平衡,会引发组织器官功能和内环境稳定性的改变,使代谢率降低,腺体分泌机能减弱,消化吸收功能、心血管功能降低,甚至出现全身性营养不良问题,使生命体征受到影响。如何选择合理膳食,保障平衡的饮食为机体提供所需要的营养物质,对增强素食老年人身体健康起着十分重要的作用。

(1) 能量

素食具有低脂、低能量、高膳食纤维和高碳水化合物的特点,使人体摄入的总能量减少。因此,素食者一般都比较瘦,不易发生肥胖、高血压病、冠心病。对于素食者中某些生理代谢需求较高的人群(如体育锻炼者等），必须提高食物的摄入总量才能确保摄入充足的营养素和能量。如果因饭量有限，摄入不足，特别容易造成能量不足的问题。

（2）碳水化合物

素食者为了保持机体能量平衡，饮食中常含有较多的碳水化合物，餐后血糖容易出现较高峰值。血糖控制不佳的素食者，应当注意碳水化合物的摄入。

（3）蛋白质

蛋白质是肌肉生长、激素合成、脑细胞发育、机体调节、免疫等生理过程中必不可少的营养成分。植物性蛋白多数为不完全蛋白，因此，多数素食者的蛋白质摄入不足，从而引起人体的氮元素缺乏，体内蛋白质合成减少，出现多种生理改变。长期素食容易出现消瘦、贫血、性功能低下、反应迟缓、抵抗力降低等，老年人长期素食还会提高患阿尔茨海默病的概率。

（4）脂肪

素食是低脂膳食，这些食物中常含有更高比例的多不饱和脂肪酸。素食者的血浆胆固醇通常较低，可以提高高密度脂蛋白/低密度脂蛋白比值，减少血小板聚集和血栓形成，有效地控制动脉粥样硬化的发生。低脂饮食对控制糖尿病者有利，并可减少心血管并发症的发生，降低糖尿病的死亡率。

（5）膳食纤维

适量的膳食纤维摄入可刺激肠蠕动，能够有效防治便秘。素食中含有大量膳食纤维，所以素食者发生脂血症、高血压病、糖尿病等慢性病的概率较低。另外，高纤维膳食会使人体大量摄入草酸或植酸，从而降低矿物质的生物利用率和减少维生素的吸收，容易出现相应的缺乏症。

（6）矿物质

素食中的高膳食纤维会降低人体对矿物质的利用率，特别是钙、铁、钾等丢失增多。同时，素食中的某些微量元素不容易被人体吸收，从而影响骨骼的发育。一般乳蛋素食者不会缺乏矿物质，而绝对素食者则很容易缺乏矿物质。因此，绝对素食者有必要服用含钙、铁的营养补充剂。一次摄取大量的钙，会抑制人体对铁的吸收，建议分餐补充。

(7) 维生素

素食中常缺乏脂溶性维生素，长期素食会造成脂溶性维生素 A、维生素 D、维生素 E、维生素 K 的缺乏，从而导致营养不良、抵抗力下降、衰老进程过快等。维生素 C 可促进铁的吸收利用，对预防素食者贫血具有重要意义。对参加锻炼的素食者来说，经常需要口服脂溶性维生素制剂，为防止脂溶性维生素蓄积中毒，一般应在医生指导下服用。

2. 素食对老年人健康的影响

从营养学观点看，长期素食会导致人体需要摄入的三大营养素不足，使脂肪、蛋白质和碳水化合物出现不平衡。长期素食的老年人摄入蛋白质的来源主要是米饭、粥、面食、素菜、咸菜等，这类食物中的蛋白质质量不佳，如果平时不注意吃蛋白质质量高的豆类食物及其制品，就会发生蛋白质供给不足。动物蛋白和植物蛋白长期供给不足是引起消化道肿瘤的一个危险因素。在临床观察中患有脑卒中患者的蛋白质摄入量比正常人低。因此，老年人适当增加蛋白质的摄入是很有必要的。蛋白质摄入不足是长期素食所造成的，这种饮食比例失调会导致不良后果，对老年人身体健康非常不利。老年人素食以植物性食物为主，而一般植物性食物中核黄素含量比较少，长期素食就会引起核黄素缺乏导致老年人全身虚弱、视力模糊、易疲劳，还会引发口角炎、舌炎或地图舌等。

3. 素食老年人的营养补充

研究表明，长期素食而不参加运动的人，会产生骨质疏松，骨吸收孔明显，髓腔扩大，会导致骨的立体网面受损，使正常结构疏松、断裂，易引发微骨折。参加体育锻炼时，机体对营养素的需求增加，为保证锻炼期间的营养需要，素食老年人应当遵循以下营养要求。

(1) 保证充足的能量供给

素食老年人的能量摄入较少，进行体育锻炼时应当注意能量物质的摄入。由于素食属于低脂膳食，所以膳食中需要依靠足够的碳水化合物来满足能量需求。以全麦面包、胚芽面包、糙米等复杂碳水化合物为主的食物更适宜机体需要。坚果类食品含丰富的不饱和脂肪酸等，可以补充机体所需的能量。

(2) 食物多样化，保证蛋白质摄入

素食老年人在锻炼期间必须通过不同来源的蛋白质互补来满足身体对蛋白质的需要，因此素食者对食物种类要求更丰富多样。豆类（如黄豆、绿豆，或豆腐等豆类加工品）含丰富的蛋白质，可以补充身体缺乏的蛋白质成分。

(3) 保证矿物质、维生素需求

素食老年人在锻炼中，为了保证铁、硒等矿物质的吸收和利用，应当合理搭配膳食。选择含铁较多的食物（如豆制品、绿色蔬菜、全麦面包等）。同时，搭配富含维生素 C 的食品，更有利于机体对铁的吸收。坚果类多富含硒，适量摄入可以满足机体对硒的需求。黑木耳、芝麻酱等富含微量元素的辅助食品也应适量增加。

素食老年人容易缺乏脂溶性维生素，应当注意补充。用植物油烹调食物，以保证维生素 E 等脂溶性维生素的吸收。增加日光下活动，促进维生素 D_3 的合成利用。补充复合维生素应当在医生指导下服用，以免中毒。

(4) 少饮茶与咖啡

素食老年人在锻炼时应当尽量避免饮用茶和咖啡等饮料，因为它们会阻碍机体对矿物质的吸收，建议最好在餐后 1 小时再饮用茶和咖啡。

总之，素食老年人一般应当做到合理搭配，摄取得当，如将谷类、豆类、根茎类、叶菜类均衡摄取，保证人体所需蛋白质和各种物质充足。为确保人体营养均衡，可以根据自身的体质健康状况，补充所需的营养物质。肠胃功能较差的老年人，可以多食用紫椰菜；骨骼不好的老年人，应当多吃苹果、菠菜，多喝牛奶；蛋白质缺乏的老年人，可以多食用花生、杏仁等核仁类食物。

八、患有慢性病的老年人的运动营养

1. 患有高血压病的老年人的运动营养

(1) 控制能量，保持正常体重

患有高血压病的老年人应当控制能量摄入，以保持正常体重。可以根据锻炼强度而定,建议每千克体重摄入 20～30 千卡的能量或更低一些。

(2) 能量物质合理摄入

患有高血压病的老年人应当减少动物脂肪和胆固醇的摄入。脂肪的每日摄入量应占摄入总能量的 25% 以下,多摄入不饱和脂肪酸,胆固醇的摄入量每天小于 300 毫克,对高血压病的防治有积极意义。蛋黄、肥肉、动物内脏、鱼籽和带鱼等高脂肪酸、高胆固醇食物尽量少吃,多吃新鲜水果、蔬菜。

患有高血压病的老年人适当摄入蛋白质,保证蛋白质提供能量占摄入总能量的 10%～15%,其中应有 1/3 以上的优质蛋白质(如瘦肉、鱼、乳、蛋、豆制品等)。血尿素升高的老年人应当限制蛋白质的摄入总量,以免肾脏负荷过重,血压升高。

患有高血压病的老年人应减少高碳水化合物食物的摄入,防止暴饮暴食,勿过度饥饿等,以防止进食后诱发胰岛素分泌增加而升高血压。

(3) 摄入含钾、钙、镁高的食物

低钾、低钙、低镁也是高血压发病的因素。新鲜食物含钾高,而人工食品一般含钾低。因此,患有高血压病的老年人应多进食新鲜蔬菜和水果,少吃盐腌制品。在高钠饮食中加入钙,或多吃一些含钙的食物,血压会有所降低。多吃含镁的食物(如坚果、大豆、豌豆、谷物、海产品、深绿色蔬菜和牛奶等),也可以降低血压。

(4) 饮食宜清淡

饮食清淡有利于降低血压。患有高血压病的老年人应当多食用豆类、胡萝卜、芹菜、海带、紫菜、冬瓜、丝瓜、银耳、食用菌、花生、葵花籽、芝麻、核桃、香蕉、苹果等。少食高脂肪、高胆固醇的食品(如蛋黄、奶油、猪肝、猪脑等)。

(5) 戒烟、限制饮酒

烟碱可以迅速增加动脉血压。吸烟者的恶性高血压和蛛网膜下腔出血的发病率较高,引发冠心病和猝死的危险性可增加 1 倍以上。吸烟还会降低某些降压药物的疗效;经常饮酒,体内酒精含量超过一定浓度后可以导致血压升高。因此,提倡戒烟和限制饮酒(每日饮酒最多不可超过50毫升)。

(6) 低盐饮食

日常食物中,钠的摄入量已足够维系人体对钠的需要,食盐只应作为一种调味品。每日平均摄入盐量超过16克,极易导致升高血压。对于患有高血压病的老年人,要降低盐类摄入量;而对于无高血压病的老年人,每天的食盐摄取量应当限制在5克以内。

2. 患有糖尿病的老年人的运动营养

(1) 限制总能量摄入

合理控制能量摄入是患有糖尿病老年人的首要营养原则。体育锻炼造成能量消耗增加,食欲增强,为了避免过高的餐后血糖,应当控制能量摄入总量。根据年龄、性别、身高、体重、血糖以及有无并发症等病理、生理情况和其运动强度、活动量大小等因素,计算总能量的需求量,总能量应当以能满足生理需要、维持理想体重为宜。体重低于标准值10%以上的消瘦者和患有其他消耗性疾病的老年人,应当酌情增加能量摄入;超重和肥胖的老年人需要酌情减少能量摄入。超重20%以上的老年人,应当每天摄入1200千卡的低能量饮食,使其体重逐渐下降,并要求每周下降0.5千克,当体重达到接近标准体重±5%时,再重新计算能量供给量。

(2) 保证能量物质的合理供给比例

① 碳水化合物。患有糖尿病的老年人应当保证碳水化合物的摄入量,这有助于提高胰岛素的敏感性,刺激机体对糖的利用,减少肝脏葡萄糖的产生和改善葡萄糖耐量。超量摄入碳水化合物会加重胰腺负担,摄入不足又会引起酮血症。碳水化合物的摄入量应当占总能量的50%~65%,以复杂碳水化合物为主。因为老年人对复杂碳水化合物吸收速率较慢,一般每天碳水化合物摄入量为200~350克,要限制摄入蜂蜜、糖浆等甜品。锻炼开始时,应当严格控制碳水化合物的摄入量,以每日200克为宜,根据实际情况可以逐渐增加至250~350克,并根据血糖、尿糖和用药情况随时调整。

② 脂肪。患有糖尿病的老年人应当限制脂肪摄入,每日的脂肪摄

入量应占总能量的 20% 左右。饱和脂肪酸不宜过多，多不饱和脂肪酸、单不饱和脂肪酸与饱和脂肪酸比例为 1:1:0.8。一般每日摄入脂肪量为 25~30 克，其中胆固醇摄入量每天小于 300 毫克，同时患脂血症的老年人每日摄入胆固醇应当小于 200 毫克。因此，患有糖尿病的老年人应当避免摄入富含胆固醇的食物，如动物脑以及肝、肾、肠等内脏，还有鱼籽、虾籽、蛋黄等。

③ 蛋白质。患有糖尿病的老年人应当适当增加蛋白质的摄入量，因糖尿病患者的糖异生作用增强，蛋白质消耗增加，容易出现负氮平衡。蛋白质提供能量占总能量的 10%~15%，每日每千克体重可以摄入 1.2~1.5 克。糖尿病伴肝肾功能不全时，应当根据功能损害程度限制蛋白质摄入量。

(3) 增加膳食纤维、矿物质、维生素摄入

可溶性膳食纤维有助于患有糖尿病的老年人的血糖控制，同时具有降血脂作用。不溶性膳食纤维有间接缓解餐后血糖升高和减肥的作用。一般建议每日摄入 20~35 克膳食纤维。患有糖尿病的老年人因对主食和水果摄入量的限制，容易发生维生素和矿物质的缺乏。因此，应当供给足量的维生素和矿物质，适量补充含 B 族维生素、维生素 C、维生素 A、维生素 E，以及钙、硒、铬、锌等无机盐和微量元素丰富的食物。

(4) 控制钠和酒精摄入

患有糖尿病的老年人常伴有高血压等疾病，应当选择低钠饮食，食盐日摄入量不宜高于 5 克。酒精容易引起患有糖尿病的老年人发生低血糖，而且含有较高能量。建议患有糖尿病的老年人禁酒；若伴有胰腺炎、脂血症、神经疾病和肾病，应当绝对禁酒。

(5) 合理安排餐次，预防低血糖

患有糖尿病的老年人应当根据饮食习惯分配餐次，而且定时、定量。可以按早餐、午餐、晚餐各占 1/3，或按 1:2:2 的比例分配，切忌暴饮暴食或不食。在总能量范围内适当增加餐次，两餐之间进行加餐，有利于改善糖耐量并可预防低血糖的发生。使用胰岛素或降糖药物的老年人，在锻炼时为了预防低血糖，可以在锻炼前加餐。锻炼中可以

随身携带含糖食品,如出现头晕、眼花、无力等低血糖反应,少量食用以补充血糖。

(6) 锻炼前多饮水,锻炼后饮食应清淡

适当增多饮水可避免血液浓缩,血糖升高,并预防脱水。清淡饮食以植物性食物为主,多食含纤维素较多的食物,有利于控制能量摄入,并降低钠的摄入。大蒜、仙人掌、芦荟、苦瓜内的某些活性物质能不同程度地降低空腹血糖,患有糖尿病的老年人在膳食中可适量增加摄入这些食物。

3. 患有骨质疏松症的老年人的运动营养

(1) 供给充足的蛋白质

蛋白质是组成骨基质的原料,可促进对钙的吸收和储存,对防止和延缓骨质疏松症有利。奶类、核桃蛋类的食物含有丰富的原蛋质,维生素C则对胶原蛋白合成有利。因此,患有骨质疏松症的老年人应当摄入充足的蛋白质与维生素。不应摄入过多动物性蛋白,以免使体液酸化,增加钙的流失。

(2) 多食用含钙、磷的食品

除饮食补充外,患有骨质疏松症的老年人可以适当补充钙剂,但是要注意钙的结合形式。碳酸钙吸收较差,乳酸钙的钙含量很低。只有食物中的钙与蛋白质结合后,才能被机体充分利用,所以更提倡膳食中补钙。患有骨质疏松症的老年人应当适当摄入磷,应保证每天1.0~1.5克的摄入量,但不能摄入过多。钙和磷的比例以1.5∶1或2∶1为宜。含钙、磷高的食物有牛奶、鱼类、虾蟹、青菜、乳制品等。患有骨质疏松症的老年人应当限制饮酒、戒烟,少喝咖啡、浓茶、碳酸饮料,避免身体对钙、磷吸收的影响。

(3) 注意补充维生素D

患有骨质疏松症的老年人应当适当增加日光浴,以增强钙的吸收能力。同时,应当增加富含维生素D的食物。含维生素D的食物有沙丁鱼、鳜鱼、青鱼、牛奶、鸡蛋等,也可以食用适量的鱼肝油,必须注意不能过量摄入。

（4）注意烹调方法

一些蔬菜（如菠菜、苋菜等）含有较多的草酸，影响钙的吸收。如果将这些菜在沸水中焯一下，滤去水再烹调，可以减少草酸的量。谷类中含有植酸酶，可以分解植酸盐，释放出游离钙和磷，增加钙、磷的利用率。

九、药物与食物的相互作用

药物和食物的相互作用是指由于给药方式或给药时间不适当，使两者相互作用而使药物代谢发生的变化。常见的药物和食物的相互作用是由于食物摄入致胃肠道对药物的吸收发生改变，通常是药物的吸收率降低，偶尔也有药物和食物同时摄入时，药物的吸收率会增加。某些药物还会引起一些特殊的营养缺乏症，如维生素和矿物质的缺乏。

药物和食物相互作用的表现多种多样。一方面，进食可增强或减弱药物的作用。进食可以延缓或减少药物在胃肠道的吸收，从而减弱药效；某些营养物会诱导一些药物代谢酶促进或降低某种药物的代谢率；食物还可影响药物及其活性成分、毒性成分的代谢和排泄。胃肠道的生理特性也会影响药物的吸收，不同药物在肠道吸收部位不一，有的局限于胃肠道的很小一部分，有的在整个胃肠道都可吸收。很多疾病会影响胃肠道功能，从而影响药物的吸收。另一方面，药物可造成营养缺乏。某些药物会抑制食欲，有些药物会引起恶心、呕吐。

临床常见的食物与药物的相互作用请遵医嘱或按说明书服用，本书不作阐述。

第五章 老年人体育运动风险与医务监督

第一节 老年人体育运动风险

一、老年人体育运动的原则

随着年龄的增长,老年人不仅心肺功能降低,而且运动器官逐渐衰退(如肌肉萎缩)。另外,老年人的听觉、视觉、触觉、平衡器官功能也减退,表现为反应缓慢、动作灵敏度低、协调性差。我们应根据老年人生理变化的特点来决定老年人所选择的运动项目并确定运动强度。

1. 老年人参加体育运动的基本原则

(1)安全性原则

由于老年人的体力和协调功能衰退,视、听功能减弱,对外界的适应能力下降,老年人参加体育活动首先要考虑安全问题,应当避免危险性的项目和动作,运动强度、幅度不能太大,动作要简单、舒缓。

(2) 全面性原则

老年人应当尽量选择多种运动项目和能活动全身的项目,使全身各关节、肌群和身体多个部位得到锻炼。注意上、下肢协调运动,身体左、右侧对称运动,并注意颈、肩、腰、髋、膝、踝、肘、腕、手指、脚趾等各个关节和各个肌群的运动。

(3) 适度性原则

老年人应当根据自己的生理特点和健康状况选择适当的运动强度、运动时间和运动频率。最好每天坚持锻炼,至少每周锻炼 3~5 次。每天户外活动时间至少半小时,最好 1 小时。老年人进行体育锻炼时,一定要量力而行,运动强度以轻微出汗、自我感觉舒适为宜。

2. 老年人参加体育运动的基本禁忌

(1) 忌激烈竞赛

老年人无论参加哪些运动项目,都应重在参与,不要争强好胜、与别人争高低;激烈的竞赛不仅体力上承受不了,而且容易发生碰撞、跌倒、情绪激动,极易发生意外。

(2) 忌负重憋气

老年人肺结构衰老、功能降低,憋气用力可能会因肺泡破裂而发生气胸。憋气还会增加心脏负担,引起胸闷、心悸。憋气时,因胸腔压力增高,静脉回心血量和脑供血量减少,容易发生头晕目眩,甚至昏厥。憋气完毕,静脉回心血量骤然增加、血压升高,容易发生脑血管意外。

(3) 忌头部倒置动作

老年人不要向前过度弯腰、仰头后倾、左右侧弯,更不要做头向下的倒置动作。因为这些动作会使血液流向头部,而老年人血管壁变硬、弹性差,容易发生血管破裂,引起脑出血。当恢复正常体位时,血液快速流向躯干和下肢,脑部暂时发生缺血,会出现两眼发黑、站立不稳,甚至跌倒。

(4) 忌晃摆旋转

老年人协调性差、平衡能力弱、腿部力量不足、肢体移动迟缓，不宜进行滑冰、荡秋千和各种旋转动作，以免发生危险。

(5) 忌急于求成

老年人对体力负荷的适应能力比较差，因此，在运动时应当有较长时间的适应阶段，一定要循序渐进，切忌操之过急。

3. 老年人参加体育运动的注意事项

(1) 做全面的身体检查

通过运动前进行身体检查可以了解自己的健康状况，做到心中有数，为老年人合理选择运动项目和适宜的运动量提供依据。

(2) 了解运动前、运动后的脉搏

测量早晨起床时的基础脉搏以及运动前、运动后的脉搏变化，进行自我监测，必要时可以测量血压。

(3) 锻炼要循序渐进

每次运动前要做几分钟的准备活动，从缓慢开始，运动量由小到大，逐渐增加。以前没有运动习惯的老年人，开始几天可能会出现不适应反应，表现为疲劳、肌肉酸痛、食欲变差，甚至影响睡眠，此时应当减少运动量，降低运动强度。经过一段时间适应后再慢慢增加运动量，不要急于求成。

(4) 活动环境良好

老年人应当尽量选择空气清新、场地宽敞、设施齐全、锻炼氛围好的场所进行体育活动。

二、老年人体育运动的风险

体育风险是指在体育竞赛、教学、锻炼等过程中可能发生的不好或不利事件。老年人身体主要特征在于一系列退行性改变，体力减退，不少人还患有各种不同程度的老年性疾病，老年人锻炼，如果不事先注意风险防范，极易发生事故，甚至酿成大祸。

1. 老年人体育运动的风险因素分析

（1）运动项目的特点与体育活动的性质

老年人不宜参加速度型项目、力量性锻炼和剧烈的比赛，较大运动负荷可能造成机体的疲劳和损伤，甚至引发心血管疾病。运动中的相互碰撞以及器械运动可能造成自己和他人损伤等。在运动中可能会出现因快速奔跑而造成休克，因突然弯腰而造成瘫痪，因猛然下蹲而造成残疾，因忽然转颈而造成昏厥，因深度低头而造成伤亡事故，因憋气、过分用力而引起血压骤然升高等。

（2）体育运动的环境因素

环境因素包括安全措施、场地器材、体育环境等。如运动场馆的规划设置，体育设施、体育资源、运动器材的设置，安全保护设置，气候、自然环境等因素，也会产生体育风险。

（3）其他因素

老年人体育竞赛、锻炼过程中可能会发生意外伤害，有效的意外处理程序与危机处理方法，对防范与降低体育风险具有重要作用。准备活动不充分、心理状态不佳、疾病与身体功能下降、天气变化、管理制度是否健全、体育指导员的基本素质、老年医疗保健人员的医疗水平等因素，也直接关系到老年人参加体育活动的风险。

2. 老年人体育运动风险的防范

老年人参加体育运动一定要注意风险防范。老年人风险防范的关键是要有风险防范意识，了解防伤措施，养成防伤习惯。主要方法如下：

（1）定期进行身体检查

老年人身体机能逐渐变差，承受能力大不如前，特别是农村老年人，由于长期从事繁重的农业劳动，身体功能更难以把握。所以在参与体育锻炼之前，做好身体检查，充分了解自己的身体状况，可以更好地选择适合自己的锻炼方式，还可以检验锻炼方法的正确与否，运动量是否适宜，从而更好地指导以后的体育运动。

（2）运动前做好充分的准备活动

准备活动是运动活动开始前必须要做的，准备活动的好坏关系到运动过程中的质量和安全。老年人由于年龄增大，身体功能下降，热身活动需要更长的时间。做好充分的准备活动是避免运动过程损伤的重要条件，这对老年人起着至关重要的作用。

（3）遵循体育运动原则

对于刚开始参与体育运动的老年人，在运动量的安排上要遵循循序渐进的原则，切不可操之过急，每次的活动量要在身体完全适应之后再做调整，不可盲目增加活动量，以避免造成不必要的伤害。在进行体育活动的过程中，要遵循一定的规律，坚持不懈，锻炼的效果是在长期的锻炼过程中形成的，所以参与体育运动要持之以恒。同时，老年人参与体育运动要做好自我监督，根据自身的感觉和身体反应，对活动量做出调整，以便于更好地增进身体健康，减缓身体衰老。

（4）尽可能消除一切导致风险产生的因素

在组织老年人进行体育运动前，要分析该运动是否存在重大风险。如果可能性较大，而且活动组织者不能或不愿意承担相关风险责任，就应该取消该活动或选择其他活动代替。

组织者应采取各种有效的、合理的预防措施和处理方法，减小伤害事故发生的可能性。对相关人员加强安全教育与科学指导，要求他们掌握急救处理的常识，还应全面检修、维护场地器材、加强医务监督与安全管理等。

第二节　老年人体育运动医务监督

老年人的健身运动是全民健身计划的重要组成部分。科学的运动对老年人健康是有益的。过度的运动会对老年人造成伤害，所以安全第一的原则在老年人健身运动中始终是首要的。医务监督是体育运动与医疗保健相结合的一门综合性应用学科，它是指用医学的知识和方法对体育参与者的健康和身体功能进行监护，预防体育锻炼中各种有害因素可能对身体造成的危害，引导人们进行科学的锻炼和训练，使之符合人体规律。由于老年人体内各系统和器官发生了一系列老年性改变，因而对老年人参加体育锻炼的医务监督需充分考虑到老年人的这些特点，这是老年人安全、健康地进行锻炼的重要保证。

一、老年人体育运动前的医务监督

老年人进行体育运动前，应对身体健康状况做一个全面的评估，以了解老年人的身体是否具备承受较大运动负荷的能力，这就包括体格检查和运动风险的评估。

1. 体格检查

通过体格检查了解老年人的健康状况，登记老年人过去和现在所患有的疾病情况，可以为将要进行的锻炼方案设计提供依据。其主要内容包括：

① 现病史和既往病史。记录目前所患有的内脏器官疾病和慢性疾病，记录过去患过的重要内脏器官疾病。

② 家族史。记录家族直系亲属是否患过与遗传有关的疾病。

③ 月经状况。记录目前是否已经绝经和月经周期的情况。

心血管系统是体育锻炼直接作用的系统，也是人体运动能力的主要限制系统，该系统的功能状况直接影响锻炼者的锻炼方式、锻炼负荷和锻炼效果。对心血管系统的检查主要有心率、血压和心电图。

在一定范围内，心率（脉搏）与最大摄氧量呈线性关系，可依据心率控制运动强度。老年人的心率随着年龄的增长而改变。安静心率一般会在一定年龄后逐渐升高，这是因为心脏的每搏量降低所致。但是，安静心率保持稳定是状态良好的表现。一般认为，如果安静心率每分钟升高超过12次，就表明身体出现了疲劳，需要寻找原因。最大心率是设计锻炼方案的基础，通过估算最大心率来设定锻炼的靶心率区间。传统计算公式是：最大心率=220－年龄。无氧运动的心率区间是最大心率的70%～90%。

正常人的血压随内外环境变化而在一定的范围内波动。血压水平随年龄逐渐升高，以收缩压较为显著。中国高血压指南将正常血压定为＜

120/80 毫米汞柱。因为老年人的血管会随着年龄的增长而硬化，如果 70 岁老年人的血压为 130/90 毫米汞柱左右，80 岁老年人的血压为 140/100 毫米左右，都属于正常血压。但如果血压高于正常标准范围，还是应当进行相应的治疗。

心电图反映的是人体心脏的电活动。老年人进行心电图检查的主要目的是排除或减少由于心脏本身问题带来的运动风险。通过安静时和运动时的心电图检查，可以全面了解心脏对将要进行的运动负荷的适应能力。如果安静心电图出现明显异常，需要请专科医生进行确认，再决定是否可以参加体育运动。如果安静心电图未见异常，可能还需要通过运动时的心电图检查来确认其心脏状况。老年人如果出现心电图改变，需要结合病史、运动史和家族史等多方面进行评价。

2. 运动风险评估

运动风险评估是老年人开始体育锻炼前的一个重要环节。不管结果如何，运动风险评估都是后面进行体育锻炼的基础。常用的评估方法是身体状况安全问卷调查表。通过问卷调查可以基本了解老年人的健康状况、锻炼习惯和运动能力。

（1）风险因素的分类

体育锻炼可以增进老年人健康，提高生活质量。但是，老年人参加体育锻炼也会面临一些风险。充分认识这些风险才能尽量降低相关风险。运动风险因素的分类方法有：

① 按原因分类，分为健康风险、运动风险、环境风险和气候风险。

② 按性质分类，分为主动损伤风险、被动损伤风险、急性损伤风险、慢性损伤风险。

③ 按影响分类，分为基本风险和特殊风险。

④ 按系统分类，分为运动系统风险、心血管系统风险、神经系统风险、泌尿系统风险和内分泌系统风险等。

（2）体育活动的禁忌证

绝对禁忌证有：近期安静心电图有明显改变，近两天有心肌梗死或其他心脏急性疾病发生；不稳定型心绞痛；室性心动过速和严重心律不齐；不能控制的心律不齐导致出现不适症状或血流动力学指标改变；症状严重的动脉瓣狭窄；未能控制症状的心功能衰竭；未能控制的肺栓塞或梗阻；急性心肌炎或心包炎；怀疑或确诊患有动脉夹层瘤；急性感染，伴有发烧、身体无力或淋巴结肿大。

相对禁忌证有：冠状动脉侧枝狭窄；中等程度狭窄性心脏病、瓣膜病；电解质紊乱（如低钾血症、低镁血症）；安静时严重的高血压；心动过速；肥厚性心肌病导致流出道狭窄；由于运动可能会导致加重的肌肉损伤、风湿性关节炎等；重度房室传导阻滞；心室壁瘤；未能控制的代谢性疾病（如糖尿病、甲状腺功能亢进、黏液性水肿）。

二、老年人体育运动中的医务监督

1. 老年人体育运动中的医务监督方法

（1）监测靶心率

老年人锻炼中一个重要的环节是运动强度的控制。在描述运动强度时往往用到靶心率这个概念。中等强度活动的靶心率是锻炼者最大心率的 50%～70%。

运动中的心率监测需要有一个短暂的停顿，然后找到脉搏测量位置（桡动脉或颈动脉，建议采用桡动脉），轻轻按压即可感到波动。一般采用记录 10 秒钟脉搏，然后乘以 6 的方式计数。为提高准确度，如果在开始计数和停止计数时都摸到一次波动，只记录一次，而不要算作两次。如果所测得的心率在所设定的靶心率范围内，表明运动强度是合理的。

（2）测评交谈难度

控制运动强度在中低强度范围，可以依据个体在运动中的交谈状况。如果可以轻松交谈，为低强度运动；如果进行交谈时感到吃力，为中等强度以上的运动。

（3）查看出汗状况

老年人进行锻炼时，以微微出汗为宜，这时的运动强度已达到中下水平；体质好的老年人可以达到明显出汗，但是不提倡运动到大汗淋滴。出汗量受个体差异、季节、体能水平等多方面因素影响,要因人而异。

2. 老年人体育活动中特殊情况的处理

(1) 运动性低血糖

低血糖症是由于各种原因引起血糖浓度降低至 2.8 毫摩尔/升以下时发生的一种临床综合征。它主要表现为老年人运动后感到明显的饥饿、极度疲乏,语言不清、呼吸急促、精神错乱甚至昏迷,检查时可见脉搏过快、瞳孔扩大等。治疗时让患者平卧、喝些糖水或吃些食物,一般短时间内可以恢复。如有昏迷要及时请医生处理。

防治运动性低血糖,需要注意以下两点:一是不要让训练水平低或血糖控制不佳的老年人在空腹情况下参加长时间的剧烈运动;二是训练或比赛前服用足够的含糖食品,在比赛中补充含糖饮料。

(2) 运动性腹痛

老年人在运动过程中时有腹痛发生,影响运动效果。

引起运动性腹痛的原因有:

① 准备活动不充分。开始时运动速度过快,会造成静脉血流不畅,使肝脾淤血肿大,神经受到牵拉而引起上腹痛。

② 训练水平较低。运动中呼吸过快、过浅或寒冷刺激,会引起呼吸肌痉挛,这时的疼痛部位在左、右季肋部。

③ 胃肠道痉挛和胃肠功能紊乱。当进食不当(如进食过多、空腹运动、食用易产气或难消化的食物等),可引起肠蠕动增加或痉挛,这时的疼痛部位多在肚脐周围。

④ 腹腔内脏器的慢性病变。如慢性肝炎、慢性阑尾炎、溃疡病等患者,进行剧烈运动时,病变部位受到震动、牵扯等刺激,也可发生腹痛。

⑤ 腹直肌痉挛。由于运动时大量排汗,体内钠离子、氯离子大量丢失,导致腹直肌痉挛,引起腹部疼痛。

⑥ 其他。过度紧张、运动训练强度过大等,都会导致腹痛;腹外疾病,如心绞痛、肺炎,也可引起腹痛。

发生运动性腹痛时，老年人可以通过降低运动强度、减慢跑速、加深呼吸、调整步频、按压疼痛部位或改善姿势等措施，使症状缓解；如症状不能缓解，应停止运动，并针对病因做进一步处理。另外，运动前要做好准备活动；合理安排运动前的进食量、食物种类及进食时间，运动前不宜进食过饱、饮水过多，不宜食用易产气或难消化的食物，餐后1.5小时内不宜进行剧烈的活动；排汗过多时，应及时补充含盐饮料。

（3）过度训练

过度训练是指疲劳连续积累所引起的一种病理状态，是运动者在生理和精神上过度紧张以及异常的心理和生理反应的结果，是一种特殊的神经官能症。老年人出现过度训练是由于运动训练安排不当、训练不系统、身体功能状况不良时仍勉强参加训练所致。

过度训练的临床症状分为轻度、中度和重度。轻度表现为运动能力开始下降，老年人不愿训练；中度表现为运动能力下降，动作不协调；重度表现为运动能力显著下降，动作不灵活。

过度训练表现在心理上的症状，主要是压抑、疲劳、焦虑、易怒、冷漠、自尊心下降，情绪不稳，精神不集中等，甚至发生精神障碍。

老年人防止过度训练没有固定的模式，应调整训练量、训练强度，补充营养，掌握各种疲劳恢复方法，不带伤病训练，这些均对防止过度训练有积极有效的作用。特别是有心血管系统疾病的老年人，更应严格制订运动处方，遵照实施，以避免过度训练。

（4）停训综合征

停训综合征是指运动训练人员经过长期系统的训练后，一旦骤然停止训练，可导致各系统器官的功能紊乱，出现多种异常反应。其主要症状有心前区不适、胸闷、食欲不佳、焦虑不安、失眠、头痛等。每个人的症状不同，轻重不一。症状一般在几周至几个月内消失，也有的转变成慢性而迁延不愈，具有忧郁性格的老年人更易转为慢性病证。针对停训综合征的防治，老年人应避免突然完全停止运动，因故停止健身运动时，要逐步减少运动量。

（5）肌肉痉挛

肌肉痉挛（俗称抽筋）是指肌肉不自主地强直性收缩。老年人运动能力低下，在运动中易发生肌肉痉挛。肌肉痉挛时，局部肌肉坚硬或隆起，伴有剧烈疼痛，使相应关节活动受限。痉挛的肌肉多见于小腿腓肠肌，其次是足底的屈拇肌和屈趾肌。

肌肉痉挛的病因有以下三点：一是运动时，大量排汗，使机体失水、失热，电解质平衡紊乱，体内钠离子和氯离子浓度过低，而引起肌肉、神经的兴奋性升高；二是肌肉舒缩失调，肌肉连续性收缩，使肌肉局部疲劳，从而引起肌肉痉挛，准备活动不充分易发生痉挛；三是寒冷刺激，肌肉在寒冷环境下兴奋性会升高，易发生肌肉痉挛。

发生肌肉痉挛时，老年人不要紧张，一般通过缓缓加力，持续性牵引痉挛的肌肉，即可缓解。例如，腓肠肌痉挛时，可将踝关节伸直，持续用力背伸踝关节直至痉挛缓解。

针对肌肉痉挛的发病原因，预防措施主要是做好充分准备活动与整理活动；运动时由于大量排汗，应及时补充含盐、糖、少许维生素C和维生素B的饮料。寒冷天气，应保暖，随运动进行而逐渐减少衣服，运动结束后，要尽快穿上衣服。游泳时，应先用池水淋身，使机体适应冷水的刺激；水中运动时，不应疲劳、饥饿、过饱。运动过程中，应注保持舒缓节奏。

(6) 呼吸肌痉挛

运动时胸壁某部位出现疼痛，并且说话、呼吸和咳嗽时疼痛会加剧，医学上称为"呼吸肌痉挛"，老百姓通常叫做"岔气"。出现呼吸肌痉挛的原因大都是在进行运动前准备不足，人体突然从安静状态进入紧张状态，难以马上动员起内脏器官机能致使无法满足肌肉运动所需要的氧气和营养物质。另外，在运动时呼吸频率太快，深度不够，致使呼吸肌连续过急收缩，长时间得不到放松而出现痉挛。天气寒冷或者大量出汗使体内氯化钠含量过低等，也会引起呼吸肌痉挛。

老年人在运动中发生呼吸肌痉挛时，应马上停止运动，可以及时做深呼吸，然后憋气，握拳由上到下捶打胸腔左右两侧，再缓缓做深长呼气；或在深吸气后，请别人握拳自上而下捶击胸背；或躺在床上、垫子上反复滚动，使疼痛慢慢消失。因天气寒冷或者大量出汗引起呼吸肌痉挛，还需补充运动饮料。

(7) 晕厥

晕厥是由于脑血流暂时降低或血中化学物质变化所致的意识暂时紊乱和意识丧失。

晕厥的发生与很多因素有关，其中与运动项目、训练水平、身体状态、年龄和外界环境关系密切。老年人常见的晕厥原因有低血糖、低血压，患有心源性、脑源性疾病，中暑，情绪不稳定。

晕厥发生后，老年人多有面色苍白、四肢发凉、脉搏细弱、呼吸不平稳等症状。处理时应使患者平卧，松开衣领，保持呼吸通畅。头部转向一侧，以免舌坠堵塞气道，并及时送往医院。

老年人预防晕厥的主要措施有：运动前加强医务监督；运动后及时补充营养；避免在高湿环境中长时间运动。

(8) 中暑

中暑是由于高温环境引起的体温调节中枢功能障碍，汗腺功能衰竭和水、电解质丢失过量所致的疾病。在相同条件下，老年人由于体温调节能力比年轻人差，在高温环境下运动更容易发生中暑。中暑是由于"热"的作用而引起，可分为热痉挛、热衰竭和日射病或热射病。

① 热痉挛。在高温环境中运动，排汗量急增，致使血液中钠离子和氯离子的浓度大大降低，若得不到及时补充，则可引起肌肉痉挛，称为热痉挛。热痉挛时，体温大多正常，肌肉出现短暂、间歇的对称性的痉挛，但常能自行缓解。

② 热衰竭。在高温环境中运动，由于大量排汗，使体内水和盐大量丢失，再加上血管扩张，血容量更显不足，从而引起血液循环的衰竭，称为热衰竭。热衰竭时，面色苍白、皮肤湿冷、脉搏细速、血压下降，出现昏厥和意识模糊，但体温一般变化不大。

③ 日射病或热射病。由于烈日暴晒，可见光线及红外线长时间直接作用于头部，可引起脑组织充血、水肿和损伤，使大脑温度高达40～42℃而发生中暑，称为日射病。日射病时常出现剧烈头痛、头晕、眼花、耳鸣，并伴有剧烈的呕吐，严重时可出现昏迷，此时体温正常或稍升高。因环境温度高、运动强度大，大量排汗也不足以散热，或因体温调节功能失调，汗腺功能衰竭而致闭汗，使热量蓄积体内而发生的中

暑，称为热射病。其典型表现为身体高热，体温升高可超过 40℃，甚至可达 42℃，颜面灼热、潮红，皮肤干燥无汗，神志模糊，甚至昏迷，严重者可出现心、肺、脑、肾的并发症而死亡。

中暑发生时，老年人应立即到阴凉通风处安静休息（坐位或卧位），然后对症处理。若是热痉挛，可牵引痉挛肌肉使之缓解，并服用含盐的清凉饮料，严重时应给予静脉滴注。热衰竭时，应让患者安静平卧休息，服用含盐的清凉饮料，并在四肢做向心重推摩。若病情仍无好转或伴有意识模糊时，应请医生处理。发生日射病或热射病时，应取头高足低侧卧位，采取各种降温措施，如用电风扇降温、头部用冰袋（或冷水湿敷）或将冰袋置于头颈、腋下和腹股沟等处，同时要尽快转送医院，请医生处理。

老年人预防中暑的主要措施之一为适当调整作息时间。老年人在夏日高温季节里应适当调整作息时间，将运动安排在上午或傍晚进行，并采取一些防暑措施，如穿浅色、舒适、透气性能良好的运动服装；若烈日当空，还应戴白色透气的遮阳帽。选择通风阴凉的运动场地，室内场地也应注意通风、降温，室内人数不宜过多。初遇高温时，应适当降低运动量，以后随着对高温的适应再逐渐加量。运动时还应备足低糖含盐饮料，饮料含盐 0.3%，含糖 2.5% 为宜。

（9）关节扭伤

关节扭伤可伤及韧带、肌肉、关节软骨。在锻炼中要积极预防这类损伤，因为这些组织一旦损伤愈合很困难。通过关节相关部位的静力性练习可以提高关节的稳定性，减少这类损伤的发生。如果发生扭伤，首先需要进行 15~20 分钟的冷敷（可采用自来水、冰袋等），然后进行加压包扎（采用弹力绷带进行 24 小时有一定压力的缠绕，以减轻肿胀），休息 2~3 天，在休息时要把受伤肢体抬高放置。

三、老年人进行体育运动后的医务监督

1. 老年人体育运动后的一般医务监督指标

（1）体重

运动导致机体能量消耗增加，所以运动负荷是否合理还受运动后的

身体恢复、营养补充等因素的影响。运动期间,老年人的体重应当保持稳定,可有波动,但每个月波动不应超过1千克。如果出现体重明显下降时,要注意查找原因。

(2)食欲

适量运动后,稍作休息再吃饭不会有食欲降低的情况。如果感到食欲下降,可能是运动量过大的表现,也需要考虑健康状况等因素。

(3)睡眠

睡眠状况可反映神经系统的功能状态。当运动量过大时,有些人的睡眠会受影响。正常睡眠状况的改变与运动量过大有关,良好的睡眠是入睡快,醒后精力充沛。如果人易醒、失眠,睡醒后仍感疲劳,则表明运动负荷超过了机体的负担能力或机体已经疲劳,需要减少活动量。

2. 老年人体育活动后的心血管系统监督指标

(1)晨脉

晨脉是人体在清晨清醒、起床前的脉搏,它可以反映身体的基本状况。随着心肺功能的提高,安静时的心率应当逐渐下降,并且保持稳定。老年人锻炼后第二天的晨脉应当恢复正常,如果与前一天晨脉相比每分钟升高数超过12次,往往是前一天锻炼运动量过大、身体疲劳的表现。

(2)运动后脉搏

老年人的运动后脉搏比年轻人慢一些,运动后脉搏恢复时间可以反映运动强度的大小,但是要注意个体差异的问题。一般来说,低强度运动后的脉搏会在30分钟内恢复到安静时的水平;中等强度运动后脉搏应当在60~90分钟内恢复。如果到第二天早晨还没有恢复,就表明运动强度过大。

(3)血压

运动后第二天清晨的血压应当恢复到正常水平。如果第二天清晨的血压比其正常时的水平升高超过20%或血压超出正常范围,表明前一天运动强度或运动量过大,或出现了健康问题。

(4) 心电图

老年人锻炼后可能会出现心电图改变。当心电图出现异常现象时，首先要判断其性质，如果有病理性改变，需要找医生进行诊断以决定是否可以运动以及可进行什么运动。对于长期坚持锻炼的老年人，如果在安静时出现偶发性的心律不齐、轻度的 S-T 段位置改变、房室传导阻滞，可以在医生的指导下进行运动负荷试验来确定是否适合继续进行锻炼。如果运动中心电图没有异常现象，则可以继续进行锻炼，否则需要做进一步检查。

3. 老年人体育运动后运动系统出现的反应

(1) 关节肿胀

老年人锻炼后出现关节肿胀的部位多见于膝关节，这是由于运动负荷超出关节承受能力而导致的膝关节滑膜炎、骨关节炎。有的老年人因为软骨退变与骨质增生产生的机械性、生物化学性刺激，而引发膝关节滑膜水肿、渗出和积液等。老年人锻炼要特别关注运动对膝关节的影响，由于老年人关节功能退化，运动负荷过大会加重关节负担，加重关节磨损。因此，如果运动后第二天出现关节肿胀现象，就表明运动负荷过大，需要在今后运动时减少运动时间或降低运动强度。

(2) 肌肉酸痛

锻炼后出现肌肉酸痛是运动负荷超过机体过去所能承受的运动负荷的表现。运动后肌肉酸痛是局部发生微细损伤造成的，这种反应的锻炼者需要较长的时间才能恢复。因此，如果在锻炼后出现肌肉酸痛，锻炼者一定要降低锻炼强度，延长锻炼间隔时间，增加休息时间。

4. 老年人体育运动后疲劳的消除方法

疲劳是指人体在进行一段时间的身体或精神活动后的一种状态，表现为工作效率降低、感觉疲惫、失眠和情绪改变。

(1) 身体疲劳

身体疲劳主要表现为肌肉疲劳，可出现力量下降、动作不协调、反应迟钝、动作错误率增高、运动技能下降等。

缓解方法：锻炼后进行 20 分钟左右的整理活动（放松），可采用牵拉、慢跑等方式消除疲劳。对疲劳部位进行放松按摩。用热水泡脚、局部热敷。进行热水浴、冷热水交替浴，但是需要注意热水浴的时间不要超过20分钟，时间过长会带来负面效果。增加高质量的蛋白质、新鲜水果和蔬菜的摄入，充分补水等，促进机体恢复。

（2）心理疲劳

心理疲劳常来自精神压力的积累，表现出理解能力下降、思考能力降低、工作效率降低，同时会影响身体的健康。

缓解方法：听音乐、听相声是一种愉快释放精神压力的方法。冥想或练习瑜伽、气功这类调节呼吸的运动也可释放压力。放慢做事节奏，不要同时处理多件事。自我暗示，消除导致精神紧张的根源。

四、老年人在不同气候及环境中运动的医务监督

1. 炎热环境

炎热环境指温度超过人体舒适程度的环境，通常是在24℃以上。锻炼时的炎热环境主要来自日光的辐射。机体在多数情况下主要通过蒸发、对流的方式进行散热，传导和辐射方式的散热作用较小。但当温度高于35℃时，对流变成了吸热过程，而蒸发散热由于出汗量超过了蒸发的速度导致效率明显降低，这时如果伴随有高湿、无风的环境，则容易导致机体内部热量蓄积而发生中暑。因此，在夏季，特别是在南方进行锻炼时，要避开14～15时的高温时段，同时在运动中注意身体反应，避免中暑发生。

（1）体温升高的生理反应

当机体的散热速度低于吸热速度时，人体内部体温升高。当体内温度升高到38℃时，人会出现不适感觉，体温调节、水盐代谢、循环、呼吸等生理功能会出现紊乱，对缺氧和超重的忍耐力下降，严重时还会出现头晕、头痛、耳鸣、视觉障碍、恶心、胸闷、疲乏、情绪不正常、自制能力降低乃至抽搐、中暑等症状。当深部体温达到39.1～39.4℃时，人体对高温的适应能力已经达到极限。如果体温再继续升高，可以引起肌肉痉挛、意识丧失，甚至死亡。

(2) 注意事项

老年人在炎热环境里进行体育活动的医务监督需要注意以下几点：

① 炎热季节避免在一天中最热的时间中进行室外锻炼。

② 热天运动时，宜穿浅色衣服，戴遮阳帽，涂防晒霜。

③ 保证充足的睡眠。

④ 锻炼时注意饮水，锻炼后注意补充蛋白质、维生素 B_1、维生素 B_2、维生素 C。

⑤ 饮水采取少量多次的方式进行。

⑥ 对初期参加锻炼者，要注意有足够的适应过程。

⑦ 因身体脱水、肥胖、体能水平低、疾病、皮肤因素等，对炎热的耐受性低的人应当减少或避免炎热天气时的剧烈运动。

⑧ 曾发生过中暑的人更应当减少在炎热环境中运动。

2. 寒冷环境

寒冷通常指10℃以下的环境温度，低温环境除冬季低温外，还见于高山和深水等。极低的环境温度会对人体产生急性伤害，造成皮肤冻伤。有些低温环境虽然不至于引起冻伤，但是如果暴露时间较长，也会对人体造成伤害。低温环境对人体的主要影响是使人体温度下降，从而引起一系列保护性或代偿性的生理反应。低温对身体会产生重要影响。当环境温度低于零下18℃时，长时间的低温暴露会引起触觉辨别力下降；当手部皮肤温度低于15.5℃时，手的操作灵活性会明显降低。不过，低温对听觉和知觉等反应的影响比较小。

(1) 在寒冷环境里的生理反应

在寒冷环境里，人通常会出现以下的生理反应：

① 神经、肌肉兴奋性低，肌肉黏滞性高。

② 机体对抗寒冷需通过寒战、发抖时的肌肉收缩来产热保持体温，导致热量消耗增大。

③ 体表血管收缩，减少热量丢失。

④ 代谢率升高，心率和呼吸率加速，以维持机体代谢的正常进行。

⑤ 体内温度降至34℃以下，人便会出现健忘、说话结巴和空间定

向障碍。

⑥ 体内温度降至30℃时，则全身剧痛、意识模糊。

⑦ 体内温度降至27℃以下时，随意运动丧失、瞳孔反射、深部腱反射和皮肤反射均消失，人濒临死亡。

（2）注意事项

在寒冷环境下锻炼最重要的一点是减少热量丢失。因此，老年人在进行体育运动时，需要注意以下几点：

① 穿着保暖服装，但是要注意锻炼时会出汗，会导致热量丢失加剧。

② 运动前充分进行合理的准备活动。

③ 减少暴露或散热面积，在不运动时要卷曲身体来保暖。

④ 注意呼吸方式，避免吸入过多冷空气引起腹痛。

⑤ 注意运动后的能量补充，多吃高碳水化合物的食物。

3. 高原环境

高原反应是人体急性暴露于低压、低氧环境后产生的各种病理性反应，是高原地区独有的常见病。高原反应的发生率与上山速度、海拔高度、居住时间及体质等有关。一般来讲，普通人快速进入海拔3000米以上的高原时，50%～75%的人会出现高原反应，但是经过3～10天的习服后症状逐渐消失。高原反应的发生，老年人低于青年人，女性低于男性，肥胖男性易感性大。在低海拔地区生活的人不宜在高原上进行锻炼，因为机体会对高原缺氧产生反应，如果加上运动负荷，则容易加重高原反应。

（1）在高原环境里的生理反应

在高原环境里，人通常会出现以下的高原反应：

① 头痛、头昏、气短、胸闷胸痛、睡眠障碍、食欲下降、手足发麻等症状。

② 休息时症状较轻，活动后症状明显加重。

③ 出现脉搏明显加快、血压升高和由缺氧导致的口唇/手指发绀，眼睑或面部浮肿等。

（2）高原反应的类型

① 急性高原反应。进入海拔 3000 米以上的高原时，第 1～2 日症状最明显，随后逐渐减轻，大多 6～7 日基本消失，少数人可持续存在。其主要表现为头痛、记忆与思维能力减退、失眠、多梦；呼吸深、呼吸频率增加、心动过速；部分人有发绀、血压升高的症状。

② 高原肺水肿。进入高原后 1～3 日发病，也有 7～14 日发病者。有急性高原反应者，如果出现不断加重的干咳、头痛、呼吸困难或发绀，可能是高原肺水肿的早期表现。少数暴发型患者表现为呼吸极度困难、烦躁不安或神志恍惚，咳大量粉红色泡沫样痰。

③ 高原脑病。此病大多先有急性高原反应的症状，继而出现剧烈头痛、精神异常、神志恍惚、严重恶心、呕吐，甚至昏迷。

（3）注意事项

在高原环境里进行体育运动时的医务监督应注意以下几个要点：

① 进入高原前应当进行适应性锻炼，如果有条件者，最好在低压舱内进行间断性低氧刺激与习服锻炼，以使机体能够对于由平原转到高原缺氧环境有某种程度的生理调整。

② 阶梯式上山是预防急性高原病的最稳妥、最安全的方法。初入高原者如果需要去 4000 米以上高原时，一般应当在 2500～3000 米处停留 2～3 天，然后每天上升的高度不宜超过 600～900 米。

③ 到达高原后，前两天应当避免饮酒和服用镇静催眠药，不要进行重体力活动，但是轻度活动可以促使习服。

④ 避免寒冷，注意保温，主张多食用高碳水化合物的食物。

4. 水域环境

水域环境包括人工的游泳池（馆）和户外的天然水域等，两者的不同在于在人工环境下进行游泳锻炼需要考虑因环境封闭导致的疾病传染问题；在天然水域，这个问题相对小一些，主要关注的是运动安全问题。

（1）禁忌证

不是所有人都可以在水域环境里进行体育运动。以下几类锻炼者不能在水域环境中进行：

① 严重的高血压病患者，自觉症状比较重，有发生脑血管意外的可能。

② 近期有心绞痛发作，运动时感到胸闷、气短的冠心病患者。

③ 患者心瓣膜病及有心力衰竭可能的心脏病患者。

④ 精神病及癫痫病患者。

⑤ 患有传染病的人不宜在人工水域环境里运动。

⑥ 游泳有可能使病情（如患有肾炎、哮喘、中耳炎等疾病）加重的人。

⑦ 大病初愈者、体质虚弱者不宜在水中运动。

（2）注意事项

在水域环境里进行体育运动的医务监督要注意以下几个要点：

① 游泳池边的地面由于有水往往比较滑，容易滑倒。

② 避免疲劳、身体不适时去游泳。

③ 下水前注意进行准备活动，减少抽筋的发生。

④ 游泳时间不要太长，疲劳容易导致意外发生。

⑤ 耳朵进水要及时处理。

⑥ 出水后要进行淋浴，减少机体发生感染的机会。

⑦ 在天然水域游泳，要先了解水下环境，水急、水深或被污染、有水草等处不要下水。

⑧ 雷雨天不要在室外游泳。

⑨ 水中抽筋，不要惊慌，先深吸一口气，然后尽量将抽筋的腿伸直，使抽筋的肌肉拉长，多数症状可以缓解。

⑩ 上岸后擦干身上的水，披上浴巾可以保暖。

⑪ 冬泳最好从秋天开始，注意循序渐进。

⑫ 饭前、饭后半小时内不能游泳。

⑬ 游泳时最好使用泳镜，减少眼病传染。

5. 野外环境

野外活动的含义很广泛，活动方式也很多样化，由于可亲近大自然而深受很多老年人的喜爱。但是由于野外活动受环境、气候、水域等多种因素的影响,危险性较大。因此,进行这类活动最为重要的前提是保障安全。

(1) 注意事项

在野外环境里进行体育运动时,应注意要结伴而行,不可单独行动,出发前要制订尽可能详细的活动计划。配备和选择合理的运动装备,例如,登山徒步鞋、登山杖、快干衣、裤、遮阳、保暖服装、护膝。带好通信器材,例如,充满电的手机、手电筒。携带必备的生活用品,例如地图、小刀、指南针、水壶、打火机等,有条件的配备 GPS 导航仪。携带必备的药物,例如碘酒、酒精、消炎药、治疗腹泻的药物、创可贴、硝酸甘油(速效救心丸)等。准备必要的食品,如一些易保存、高糖的食物、肉干等。对行走路线留下标记,以便需要时可以返回。不要进入草丛茂密的地方,不要轻易试图渡过不知深浅的河流。

(2) 意外处理

在野外环境里进行体育运动时,会经常出现一些意外情况,锻炼者应做好相应的防范措施。

夏季户外活动遇到雷电的可能性大,如有发生应当尽量避开大树以免被雷电击伤。如遇暴雨,应当根据线路和人员情况暂停或取消活动,大雨会让视线受阻、山路湿滑,很容易出现摔倒、滑坠等意外事故。

在户外如被毒蛇咬伤,患者会出现出血、局部红肿和疼痛等症状,严重时几小时内就会死亡。这时要迅速用布条、手帕、领带等将伤口上部扎紧,以防止蛇毒扩散,然后用消过毒的刀在伤口处划开一个长 1 厘米、深 0.5 厘米左右的刀口,用嘴将毒液吸出。如口腔黏膜没有损伤,其消化液可起到中和作用,所以不必担心中毒。若被昆虫叮咬或蜇伤可用冰或凉水冷敷,然后在伤口处涂抹氨水。如果被蜜蜂蜇了,用镊子等将刺拔出后再涂抹氨水或牛奶。

骨折或脱臼时,如果皮肤没有损伤,可先用冷水进行 15 分钟冷敷,然后用夹板固定后再搬运。如果怀疑有脊柱损伤时,要将患者放在硬板担架上固定后送往医院。户外用餐时,如被刀等利器割伤,可用干净水冲洗,小伤口可用创可贴止血和保护伤口。较大面积擦伤等可用干净手巾、手绢等包裹。

抽筋是野外活动时的常见问题，主要是疲劳所致，也与出汗多导致的电解质紊乱有关。急救的方式为拉引痉挛的肌肉，结合局部按摩、补充水分及盐分，稍事休息后多数会缓解。

吃了腐败变质的食物，除会腹痛、腹泻外，还伴有发烧和衰弱等症状，应当多喝些饮料或盐水，也可采取催吐的方法将食物吐出来。

（3）生存技能

在野外环境里进行体育运动，要掌握一些常用的生存技能。

① 学会取暖保温。做好防寒保暖，防止失温的危险，另外可根据需要和环境条件在朝阳处挖一个睡袋大小的地坑，能够铺上一些石板最好（有利于蓄热），再将收集到的枝叶、杂草放入地坑燃烧，然后将草木灰清除，此地坑可供晚间睡觉用，效果很好。

② 发送求救信号。白天可多收集些略潮湿的残枝败叶、杂草，点燃后可借燃烧产生的大量烟尘向外界示警。夜晚可利用强光手电向天空和附近山顶进行一定规律的晃动照射，同时点燃篝火用于取暖以及驱赶蚊虫和兽类。

③ 建立庇护所，原地待援。在人烟稀少的陌生地段一旦迷失方位，在无法判明道路的情况下，请千万不要盲目地自寻出路。这时应当原地等待救援，保持清醒的头脑，利用地形地貌和一切可利用物搭建简单的庇护场所，以便应付恶劣天气，另外注意保存体力。

④ 应对迷路的方法。在人迹罕至的野外环境中，尤其是在灌木丛生的树林里或是遍布大石头的地方，容易因看不清楚足迹而在不知不觉中迷路。有时也可能在雨中、雾中或傍晚时分因视野不开阔而迷路。迷路时，绝不可慌乱而到处乱走，这样只会更加迷失方向。首先，必须安静下来，休息一会儿。然后，尽量去自己有信心找到的地点，沿途要做好标记，并在本子上记录这些标记的所在位置，注意观察周围的地形、地貌或自然物的情况，直到找到正确的方向，并在适当时候发出求救信号。

⑤ 应对未按计划抵达营地的方法。进行野外活动时，如果比预定的时间晚，并且在到达目的地之前天已变暗时，如果路线很明确，现在的位置也很确定，同时距离目的地不远的话，就可以继续前进。但如果

发生了其他的不利情况，例如下雨而气温下降，或迷路无法回到原地，或队员中有人身体不适，或在黑暗中行动很危险的话，就要准备在当地露宿过夜。此时，如果带有帐篷且找到可以设营的地方，就可以设营过夜。但如果没有携带帐篷或地形处在斜坡上无法设营时，就尽量多穿衣服，注意保暖。若是携带了食物和炉具的话，就可以就地用餐。为了预防不利情况，平时就要养成带好充足的水和应急食品的习惯。

6. 空气污染环境

空气污染指的是由于人类活动或自然过程引起某些物质进入大气中，达到足够的浓度，持续一定的时间，并因此危害了人类健康的现象。

（1）空气污染对人体的危害

空气污染物对人体的危害是多方面的，主要表现为呼吸道疾病与生理功能障碍，以及眼鼻等黏膜组织因受到刺激而患病。空气中微尘颗粒浓度越高，对人体伤害就越大。空气中的重金属微尘破坏力更强，会引起人体呼吸系统和心血管系统的大面积炎症，会破坏系统细胞甚至穿透细胞壁进入细胞内部。

空气污染严重时，空气中有害微粒多，其中小于2.5微米的颗粒（PM2.5）容易沉积到肺泡里，不容易排出来，在这种条件下进行运动，会导致呼吸系统气体交换能力降低，降低锻炼效果。在空气污染严重时进行长跑等消耗体力较多的体育运动，进出肺部的空气成倍增加，会加大空气中污染物的吸入，加重对呼吸系统的影响。经常在空气污染环境里锻炼，大量进入上呼吸道的微尘颗粒会引起鼻子和喉咙干燥、发炎等不适反应，而体积更小的污染物可以深入支气管，引起支气管堵塞，引发哮喘、支气管炎、肺气肿等。

（2）注意事项

在空气污染环境里进行体育运动应注意以下两个要点：

① 选择合适的时间。一天中空气污染的两个最严重时段是早晨7点和傍晚7点左右。一天中上午10点左右和下午3～4点空气最为新鲜。特别是冬季，早晨和傍晚往往会有气温逆增现象，即高空气温高，

地表气温低，大气对流近乎停止，地面污染物不能向大气上层扩散而停留在下层呼吸带。在城市高楼林立的居民区及汽车飞驰而过的道路两旁，这种现象尤为严重。这时，有害气体要高出正常情况的 2～3 倍。一个健康的成年人一天吸入空气约十几立方米，锻炼时吸入的空气往往是正常状态下的 2～3 倍。锻炼时，如果空气污染严重，会对我们的健康带来很大的负面影响。

　　② 选择合适的地点。在空气质量不好条件下锻炼时，尽量选择地势较高的地点进行，最好不要去低洼地方进行锻炼。如果天气预报报道空气重度污染，最好不要进行剧烈运动或暂停运动，因为这样不仅不能获得想要的锻炼效果，反而会对健康带来不利影响。

第六章　社区老年体育工作的开展与管理

　　随着人们生活水平的提高、闲暇时间的增加以及体育意识的增强，体育需求也在不断增长，很多人的体育需求难以在单位得到满足时，其体育需求就开始由单位转向社区。社区体育的兴起和发展弥补并完善了社会体育组织体系，减轻了单位的体育负担，推动了体育社会化进程。社区体育工作是一种助人且自助的事业，具有解决社区问题的功能。随着我国人口老龄化以及社会转型速度的加快，使得老年人问题变得异常突出，同时对老年社区体育工作带来压力和挑战，也为我国老年社区体育工作的发展提供了机遇。

第一节　社区体育

一、社区体育的概念

社区体育是指在社区范围内，在政府的支持和帮助下，社区成员参与组织和管理的区域性群众体育活动形式。它以自然环境和体育设施为物质条件，以全体社区成员为主要对象，以满足社区成员的体育需求和增进社区成员的身心健康为主要目的。社区体育是群众体育社会化的产物。因此，社区体育包含了两个特点：一个是体育社会化，另一个是地域性。

二、社区体育的组成要素

社区体育作为一个完整的系统，通常由六个要素组成，即社区体育组织、社区体育活动、社区体育的指导者、社区体育场地设施、闲暇时间、必要的活动经费。

1. 社区体育组织

社区体育组织担负着确定目标，进行人、财、物和时间等资源的合理配置，建立社区体育内部要素间及社区体育与外部环境的各种联系的重任，对社区体育的发展起着主导作用。

2. 社区体育活动

社区体育的一切功能都是通过具体的社区体育活动实现的，开展体育活动是社区体育的目标之一。当前初级阶段的社区体育，由于受体育场地、设施条件的限制，社区体育的活动内容以气功、健身操、交谊舞、武术等为主，活动项目的非竞技性、韵律性、传统性、文体一体化特点十分明显。同时，活动场所也表现出非正规化、属地化的特点，主要是在就近的公园、街道居委会场地和街头巷尾进行。

3. 社区体育的指导者

社区体育的指导者和参与者是社区体育的主体，社区成员根据自己的需求在体育指导者的组织和指导下，参与体育活动，学习掌握体育锻炼的知识和技能，以满足自己身心合理发展的需要。社区体育的指导者是开展社区体育活动不可或缺的重要人员。因此，社区体育指导者的素质高低直接影响社区体育活动开展与发展的质量。

4. 社区体育场地设施

社区体育场地设施是发展社区体育的基本载体，场地设施的建设直接影响全民健身计划的实施，并影响着体育人口的增长。目前，大多数社区缺乏配套的体育场地设施是一个普遍性的问题。大多社区居民还是在自家庭院、公路街道、住宅空地等非正规体育场所锻炼身体，现有的社区配套体育场地设施满足不了居民锻炼身体的要求，社区体育场地设施的建设缺乏立法保障和标准要求。随着社会和经济的进一步发展，人民群众追求更加健康的生活方式，其锻炼身体的迫切要求与体育场地设施不足的矛盾表现明显。所以，社区体育场地设施的建设应予以重视。

5. 闲暇时间

闲暇时间是社区体育活动在时间上的保障，闲暇时间的增多是社区体育发展的前提条件。从理论上来讲，社区居民闲暇时间越多，体育活动就越丰富，参与社区体育活动的概率就越大。

6. 必要的活动经费

必要的活动经费是社区体育在资金方面的必要条件。我国社区开展体育活动的经费主要来源于街道自筹经费、政府机构拨款和社会赞助，辖区单位捐款几乎很少。体育社团活动经费主要以社会赞助和会员会费为主，没有自我生存的能力。因此，应拓宽活动经费来源和渠道，培育社区体育市场。

三、社区体育的类型及功能

1. 社区体育的类型

（1）按参与主体的规模大小分类

实践中社区体育参与主体的规模，通常可以分为个人体育、家庭体育、邻里（楼群、庭院或胡同）体育、微型社区（居委会）体育和基层（街道办事处）社区体育五种。社区体育既可以以个人、家庭、邻里、居委会和街道为单位组织不同规模的体育活动和竞赛，又可以在家庭、楼群、居委会和街道范围内开展体育活动和竞赛。

（2）按消费类型分类

按消费类型可以分为福利型、非营利型和营利型三种。福利型社区体育主要面向弱势人群，非营利型社区体育主要面向低消费层的日常性、经常性体育活动者，营利型社区体育主要面向中、高收入人群。

（3）按活动时间分类

按活动时间可以分为日常性体育活动（晨、晚练活动）、经常性体育活动和节假日体育活动（节日、周末和学生寒暑假体育活动）三类。

（4）按组织类型分类

社区体育的组织类型可以分为自主松散型和行政主导型两种。晨晚练体育活动点、辅导站、社区单项（人群）体协等为自主松散型社区体育；社区体育中心、社区体育俱乐部、街道社区体协等为行政主导型社区体育。

（5）按参与人群分类

按参与人群分类可以分为婴幼儿体育、青少年体育、在职人员体育、老年人体育、特殊人群体育和流动人口体育六类。

（6）按活动空间分类

按活动空间可以分为庭院体育、公园体育、公共体育场所体育和其他场所（空地、广场、江河湖畔等）体育四类。

2. 社区体育的功能

（1）增强居民的归属感

体育作为人们业余文化生活的内容之一，具有参与主体的广泛性、活动形式的多样性、活动内容的趣味性、活动效果的直接性等特点。这些特点对于吸引广大居民积极参与具有特殊的作用。社区体育作为社区文化的重要内容，是社区建设不可缺少的重要组成部分。社区建设成功与否，居民的参与至关重要，只有广大居民作为社区的主人，积极参与到社区建设和社区管理中去，才能在真正意义上形成社区意识和社区归属感，社区也才能成为个人社会化及其价值实现的通道。

（2）改善居民生活方式

科学、健康、文明的生活方式有助于提高居民的生活质量，维护社区秩序的稳定。社区体育活动作为一种极具吸引力的有益休闲活动，吸引了众多的居民参与其中，填补了居民的空闲时间，一定程度上丰富了居民的业余文化生活，在改善居民生活方式方面发挥了积极的作用。

（3）促进社会整合，增强社区凝聚力

社区体育在满足居民体育需求、丰富居民业余文化生活、提高居民身心健康水平等方面发挥着重要作用，使居民在体育需求方面倾向于在社区活动中得到满足，从而通过社区体育促进社区整合，增强了社区凝聚力。

（4）发展社区文化

社区文化有狭义、广义之分。广义的社区文化指除社区政治、社区经济以外的所有社会现象，狭义的社区文化指社区居民的文娱活动。社区体育的场地设施、活动内容、活动方式、组织形式、规章制度，以及体育活动中表现出来的体育精神、道德风尚和居民的体育意识、体育价值取向等，都是社区文化的重要内容。

第二节　社区老年体育工作的价值

世界卫生组织提倡积极老龄化和健康老龄化，这是因为老年人最重要的问题是健康问题。健康的身心能使老年人度过一个幸福的晚年。如果老年人疾病缠身，他们将给社会增加压力，其所需的医疗费用以及给家庭带来的精神和物质上的损失是不可估量的。所以，老年人积极锻炼身体，保证身心健康是应对老龄化给社会造成压力的一项重要举措，对于社区工作而言，这是一项挑战。

一、社区老年体育工作的含义

现代社会中，老年人问题已成为广受关注的社会问题。有什么样的社会问题就会有什么样的社会工作。老年体育工作是我国体育工作的重要组成部分，是贯彻实施《全民健身计划纲要》的重要方面。党的十一届三中全会以来，随着我国经济和社会的发展，在各地政府的关心、重视下，在各级老年人体育组织、协会的积极努力下，老年体育工作有了较快的发展，老年人参加体育健身活动的热情不断高涨。

社区老年体育工作是指社区体育工作者针对老年人的生理、心理等特点实行的各种身体锻炼方法和手段，能促进老年人科学健身，改善老年人与社区的关系，建立老年人对社区的归属感，以延缓衰退、推迟衰老、延年益寿、提高老年人的社会福利水平和晚年生活质量为目标的一项社会工作。

社区老年体育工作不仅指对老年人给予身体锻炼的指导，还包括帮助政府制订有效的措施，解决老年人体育健身的资金、场地、设施、技术指导等问题，通过卓有成效的社区体育服务工作，促进老年人的身心健康。事实上，社区体育工作者在实际工作中，其更多的精力是放在如何保障老年人享有健身权利的问题。

二、社区老年体育工作的目标

开展老年体育工作是为了帮助老年人融入快速发展的社会，解决他们在体育活动中遇到的困难和问题，使老年人得以在体育活动中发挥潜能，提高生活质量。

具体来讲，社区老年体育工作的目标如下：

1. 保障老年人的体育权益

老年人由于身体状况或者知识限制等原因，有时并不能通过自己获得所需要的体育资源。社区体育工作者应当通过一定程序帮助这些老年人获得所需的体育资源,并提供一些健身、保健的指导,从而使老年人的体育权益得到保障。

2. 帮助老年人克服心理困扰

年龄的增长使老年人在生理上和心理上都出现退行性变化,这是老年期变化的特征。其衰老现象主要表现在人体各器官系统的适应能力减弱,抵抗能力降低,65岁以后的变化更为明显。同时,人到了老年期,心理上也逐渐进入一个所谓"生物——心理——社会转折期"。老年人由于生理功能的衰退、社会角色的改变,其心理活动也将发生相应变化。老年人的心理问题既有共性,又有个性,千差万别,常见的心理问题有对衰老的疑虑感和恐惧感、角色变更后的失落感、出现离群感和孤独感、产生抑郁感和自卑感等。社区体育工作者应了解衰老的含义,帮助老年人正确看待衰老这一自然规律,树立生活的信心,帮助老年人增强体育活动能力,克服生活中的身心健康问题。

3. 帮助老年人充实晚年生活

人到了老年阶段,往往面临着生理上、心理上出现的多种问题,需要社会服务或再社会化。社区体育活动可促使不同年龄的老年人进行一些社会互动和交流,这不仅有助于老年人的身体健康,而且给予老人再社会化的机会,使其对一种新的生活方式和环境有很好的适应性。比如参加老年舞会、扭秧歌以及老年棋类竞赛等活动,对老年人来说既锻炼了身体,又增进了老年人之间的交流,有效地消除了老年人日常的寂寞感,更有助于满足老年人的精神需求。因此,社区体育工作者要协助老年人积极参与社区活动,使老年人的晚年生活更为充实。

4. 为老年人及家属提供体育技术指导

有许多老年人之所以不爱动、不善于交流,有离群感和孤独感等老年问题,多与家庭的照顾能力、责任承担及沟通等因素有密切的关系。社区体育工作者可以通过向老年人家属提供体育技术指导,帮助其了解和接受老年期的体育生活,帮助老年人家庭成员增强指导、照顾老年人的能力,与老年人共同健身,营造和谐融洽的家庭健身氛围。同时,社区体育工作者可以通过普及专业知识,帮助老年人解除困惑,消除不良心理的影响。

5. 改善老年人的社区体育活动环境

社区体育工作者应注意社区中老年人机构的各项服务是否到位。对老人的社区体育服务，不仅要注重数量，更要注重质量。社区体育工作者不仅要认真学习、坚决贯彻落实国家和地方政府对老年人的保障福利政策，还要善于从实务性的工作中总结一些问题和经验，为政府工作建言献策，以促进社区体育工作的开展，满足老年人参加体育健身的需求，实现提高老年人生活质量的目标。

三、社区老年体育工作的价值

1. 提高老年人生活质量

随着我国经济的快速发展，我国的养老体系出现"转型"，即从主要依靠家庭养老方式向依靠社会养老和家庭养老相结合方式的过渡。从解决老年人口的经济供养和照料服务两个方面来看，出现了老龄体育和老龄体育服务市场，它是市场经济和养老体系转型的必然产物。倡导老年体育工作，主要是为老年人寻求或造就一种能够融于社会发展的环境，使老年人得以在其中提高生活质量，这是发展老年体育的最终目标。应该看到，老年人需求的不仅是物质生活，更要获得健康和长寿，特别是今天的老年人，希望融入各自所在的社会，感受来自家庭、社会的安宁之乐，以获得美好的生活，从而度过一个幸福的晚年生活。

2. 实现国家和社会的老年人福利政策

老年人福利是国家和社会为安定老年人生活、维护老年人健康、充实老年人的精神生活而向老年人提供的各种服务设施及社会公益服务。不论老年人是否有退休金，均可以享受老年人福利。

老年人的体育福利与其他福利相比具有特殊性。老年人体育的特征集中体现在老年人所需的体育活动的特殊性和体育服务的特殊性上。老年人的体育福利主要有：①老年人体育健身项目；②老年人专用的健身场地和器材；③社区老年人体育医疗和保健服务中心等；④社区老年人体育娱乐服务俱乐部、社区老年人家庭体育服务队等。

四、社区老年体育工作的原则

社区体育工作者在指导老年人体育锻炼时,要相信老年人能够改变,尊重不同老年人的需求,主动耐心地与老年人进行有效的沟通,与其建立相互信任的工作关系,尊重老年人的自主决定权利,为老年人保守秘密等。要坚持针对性原则、实效性原则、循序渐进原则、经常性原则。

1. 针对性原则

针对性原则是指在选择锻炼的内容、形式、方法、手段等时应从实际出发,根据不同老年人的身体健康状况、兴趣爱好以及健身活动场地设施、气候环境等条件,因人而异,因地制宜。为了有针对性地健身,如有条件,应进行全面的身体健康检查。根据检查情况,合理地选择运动项目和确定适宜的活动量,制订运动处方。适合老年人的体育活动主要有太极拳、舞剑、气功、慢跑、远足、登山、游泳、门球、网球、广播操、健身操、体育舞蹈,以及利用自然因素(日光、空气、水、森林)等进行锻炼。要根据老年人的具体情况选择安排活动内容,严格控制运动量和运动负荷,并要注意定期进行身体健康检查。

2. 实效性原则

实效性原则是指根据老年人的兴趣爱好和身体条件选择安排适宜的运动方式。为了使老年人所追求的目标能有效实现,还应不断地创造和改造已使用的运动方式,以达到最佳的锻炼效果。为了提高锻炼实效——保持生命活力、延年益寿,在确定锻炼内容时要注意项目的特点、作用和实用价值,力求少而精。一般不宜安排运动幅度过大、动作过于猛烈、运动负荷过大的运动项目。同时,在老年人的身体锻炼过程中进行必要的健康检查和自我评估,从而调整他们的健身方式、方法,使他们选择的运动项目更具有实效性。

3. 循序渐进原则

循序渐进原则是指根据老年人锻炼的内容、方法和运动负荷安排合理的顺序,并逐步提高要求。长期进行相同内容的身体锻炼,机体逐渐适应而产生"持续性适应",这样锻炼的效果与开始时相比会明显或逐渐减小。具体来说,对于刚参加锻炼的老年人,由于起点比较低,在通常情况下经过一段时间的锻炼获得的效果比较明显。而长期坚持身体锻炼的老年人,想进一步提高锻炼效果就不是很容易了。为了能提高锻炼效果,需要加大运动负荷,但是在增加运动负荷时必须要谨慎。如果运动负荷的强度过大,超过了身体的承受能力,就会对身体健康不利,甚至使身体陷入伤病的危险状态。通常,锻炼的内容与方法确定后,变化较多的是运动负荷的安排。老年人体育活动多数在户外进行,受季节、气候等因素的制约性较大,因此在自然环境和气候发生变化时,调整、变更计划是必要的。

4. 经常性原则

经常性原则是指锻炼要持之以恒才能收到良好的效果。老年人的身体锻炼如果坚持经常性,那么每一次锻炼的良好效果就为下一次锻炼提供了基础,而后一次锻炼在前一次锻炼的基础上再一次给身体以良好的影响,这样日积月累必然能达到理想的锻炼效果。在日益重视健康的当今社会里,许多老年人将身体锻炼纳入自己的日常生活作息中,使之成为日常生活不可缺少的内容,深刻领悟到"生命在于运动"的内涵。但必须要指出的是,当老年人身体健康状况不佳或情绪低落时,不应勉强坚持锻炼,即使坚持,也应适当调整锻炼内容和运动负荷。

五、指导老年人体育锻炼的注意事项

1. 科学规划和设计活动场所

老年人作为一个特殊的社会生活群体有其自身独特的娱乐需要,他们需要在户外有可供其消遣的活动场所。这要求根据老年人的身心特征来规划和设计活动场所,如在社区或居民小区建设符合老年人特点的场地设施,让老年人更方便地进行体育活动。老年人在自己喜爱的活动环境中进行身体锻炼,可逐渐将体育活动转化为自觉的行动,有助于消除无所事事的空虚感,达到延缓衰老的目的。

2. 提高老年人体育的组织化程度

提高老年人体育的组织化程度,做好对老年人体育锻炼的指导工

作,让老年人的健身活动更加科学合理。在组织老年人开展体育活动时,应坚持循序渐进、适可而止的原则,同时在活动中可以引入适当的集体的、欢乐的、轻松的竞赛,让老年人通过集体竞赛活动获得乐趣。老年人不宜进行一对一、竞争激烈的比赛,这样的比赛不但不能给老年人带来欢乐,反而容易给老年人造成过高的心理压力,对老年人的身心健康不利。老年人身体和功能方面的特殊性决定了老年人应有其独特的体育锻炼方法。另外,由于老年人对活动量和活动强度的敏感性,必须对老年人的身体锻炼进行科学安排与指导,否则可能会事与愿违。

3. 协助老年人维持良好的生活节律

老年人的行为习惯非常稳定,而且较难养成新的习惯。如果生活习惯改变太大或太突然,老年人的身心功能很容易发生混乱或失调。这样,机体就得消耗更多的能量来进行调整。在适应能力不断减退的老年期进行这样重大的调整,必然会进一步加速老年人身心功能的衰退,从而加快老年人的身心衰老。所以,要协助老年人合理安排自己的作息时间,继续维持良好的生活节律,避免老年人生活节律发生突然和太大的变化。

六、社区老年体育工作的发展前景

我国的社区体育工作已经有了相当大的发展,尤其是在城市社区中。文体设施的建设为老年人的晚年生活提供了诸多的方便,既保证了老年人的日常社区体育活动,又有利于丰富老年人的精神生活。但是,我们要看到老年社区体育工作中的不足之处,比如老年社区体育工作的规范性不强,没有明显体现出社区体育工作的专业性特点;我国广大农村老年社区体育工作的发展仍处于落后状态。随着社会转型的加剧,社区老年体育工作也亟待得到进一步的发展。

1. 促进社区老年体育工作的专业化发展

社区体育工作专业化有助于强化社会福利政策和增强社区体育服务的成效。欧美等国家的老年社区体育工作经过长期的发展,相比其他国家更为专业化和规范化。专业化的社区老年体育工作有助于科学有效地解决老年人健康问题，是老年社区体育工作发展的一个趋势。

2. 增进社区老年体育工作的社会化发展

增进社区老年体育工作的社会化发展，不仅是指老年社区体育工作对象的社会化，还包括社区老年体育工作开展的社会化；不仅局限于行政部门，还要发动社区力量、社会各团体、教育科研机构等社会力量一起投身于社区老年体育工作中，真正实现社区老年体育工作的社会化。

3. 实现社区体育工作的本土化

社区老年体育工作作为一种专业和职业产生于西方国家。由于我国的国情不同于其他国家，因此在发展社区老年体育工作中不能照搬西方的模式，而应该根据自身的现状和经验，积极借鉴国外的成功方法，建立适合本国国情的社区老年体育工作模式，实现其本土化发展。

4. 工作重点应放在老年身心健康方面

老年人最为突出的特点是身心健康方面的变化，这种变化影响了自身的生活，也给家庭成员带来了极大的精神和生活压力。俗话说"老人的身心健康，就是子女们最大的幸福"，因此，应将工作重点放在照顾老年人身心健康方面。

5. 促进相关老年人社会政策的制定与实施

社区老年体育工作的实施需要相关社会政策的支持，在相关社会政策的指导和约束下，社区老年体育工作才会更加科学规范地进行，从而实现社区老年体育工作的专业化、社会化发展。

第三节　社区老年体育管理服务

社区老年体育管理服务是社会文明进步的标志，是构建和谐社会的重要举措。发展老年社区管理服务，是我国政府的重要举措。

一、社区老年体育管理的内容

社区老年体育管理是指在街道范围内,由街道党工委、街道办事处主导的,社区老年体育职能部门、社区单位和社区老年人积极参与的,区域性、全方位的自我服务和管理。社区老年体育管理服务的具体内容主要有以下几个方面:

1. 社区老年体育组织管理

开展社区老年体育活动,需要建立一套较为完整的组织体系。在组织机构上,应建立市/区人民政府有关部门、街道办事处、居民委员会和老年体育活动站四个层次的社区老年体育组织管理机构,由市/区政府牵头,以街道为主体,以居委会为依托,以活动站为基地,形成社区老年体育组织管理体系。建立这四个层次的社区老年体育组织和管理机构,才能充分发挥"条条"与"块块"两方面的积极性,形成"条块结合,以块为主"的社区老年体育管理体系,为社区老年体育的普遍化、生活化提供组织保证。

社区老年体育组织管理的内容包括健全社区老年体育的各类组织机构,明确工作目标和工作职责。社区老年体育组织管理体系确立后,要进行广泛的社会调查,全面了解社区老年体育的现状、需求、资源以及影响社区老年体育发展的宏观环境因素,根据社区的实际情况,制订社区老年体育的工作计划,明确社区老年体育的发展目标以及为实现这些目标而采取的对策和措施。

2. 社区老年体育服务管理

社区老年体育服务管理是根据社区老年人的体育需求,设立、健全社区老年体育服务网络,完善社区老年体育服务体系,广泛提供社区老年体育服务,并对服务质量进行监督,以提高服务质量。社区老年体育服务具有公益性、群众性、互助性、地域性四大特点。

公益性是不以营利为目的,而以社会效益为主,以满足社区老年人的体育需求为目标。群众性是广大老年人利用闲暇时间,广泛参与以提高健康水平、进行娱乐消遣为目的的体育活动中。互助性是提倡"人人为我,我为人人"的精神风尚,以互相帮助的方式来开展社区老年体育服务活动。地域性是社区老年体育服务的对象稳定,并有一定的区域范围限制。

社区老年体育服务的主要内容有:第一,提供便民利民的老年体育服务;第二,提供社区老年体育服务组织和社区老年体育单位、团体组织的双向服务,这样既可以充分利用社区单位和团体组织的体育服务资源,实现资源共享,也可以分担社区单位和团体组织的服务压力,推进这些单位、组织的服务社会化进程;第三,提供社会福利服务,为生活有困难的低收入老年人群服务。

3. 开发社区老年体育资源

社区老年体育的资源主要包括人力、财力(资金)和物力(体育场地设施)资源。社区老年体育人力资源开发是指社区老年体育管理机构应培养一批经过专门培训、有一定组织能力和业务技术水平、热心为老年人服务的社会体育指导员和社区老年体育骨干队伍。资金是开展社区老年体育的物质保障,社区老年体育的资金除了政府的支持外,社区老年体育组织还应采取各种形式,拓展资金筹集的途径,如辖区单位集资、赞助等。体育场地设施是开展社区老年体育的重要条件。社区老年体育组织应与市、区体育部门进行协调,充分利用辖区内的体育场馆设施,以保证老年人有合适的体育锻炼场所。社区老年体育组织应有计划地完善社区的各种体育场地设施。同时,要使用和管理好社区体育场地设施,使其发挥最大效用。

4. 组织社区老年体育活动

社区老年体育活动主要包括体育活动站组织的锻炼活动和经常性的竞赛两个部分。社区老年体育竞赛的组织与其他竞赛相比,并无很大的区别。因此,社区老年体育活动的组织工作,主要是加强体育活动站的管理。体育活动站是开展社区老年体育活动的主要阵地,与社区老年人日常参加体育活动有密切关系。

5. 逐步实现社区老年体育管理规范化

社区老年体育管理规范化,就是指社区老年体育管理要按照一定的规划、方式、程序来运作。具体说，就是使社区老年体育管理向制度化方向健康发展。为此，社区老年体育活动需制定活动规则；街道老年体育协会、居委会体育组织要制定管理规则；市、区老年体育协会除了制定各种管理基层老年体育组织的规定外，还要确保自身行为有章可循。

二、社区老年体育管理的重要性

1. 当今发展大众体育的必然选择

随着生产力的发展和生产方式的改变，老年人必然追求更好的生活质量，参与体育活动是提高生活质量的重要方式之一。为此，老年人对体育的需求必将伴随社会的发展与进步而不断增长。社区建设是社区资源和社区力量的重新整合，是当今社会转型的客观要求和必然产物。在全面建设小康社会进程中，我们必须摆脱旧体制和旧观念的束缚，将大众体育纳入社区建设，大力发展社区老年体育。从体育事业的发展来看，社区老年体育是大众体育的基点，抓好社区老年体育就抓住了大众体育的关键。从社区建设的自身来讲，社区老年体育不仅是社区物质文明建设的重要内容，而且具有促进社区精神文明建设的重要作用。因此，各级政府和老年体育管理部门要提高对社区老年体育重要性的认识，把发展社区老年体育作为体育发展和社区建设的一项重要工作。

2. 社区老年体育健康发展的重要保证

目前，我国社区老年体育尚处于初创阶段，社区老年体育活动的开展主要依靠社区老年人自发组织。这种活动方式和组织形式不利于社区老年体育资源的利用和社区力量的发挥，也不利于社区老年体育的进一步发展，难以满足社区老年人对社区体育的普遍要求。强化组织管理是当前社区老年体育发展的迫切要求。推进社区老年体育快速、健康发展，是加强社区老年体育组织管理的根本目的。在推进社区老年体育的过程中，既要纠正那种认为社区老年体育是社会发展的产物、应该自生自灭、可以放任不管的错误思想，又要注意处理好组织管理与促进管理发展之间的关系，努力将管理与服务、管理与指导有机地结合起来，以管理促进发展，努力满足老年人不断增长的体育需求。

3. 推进社区老年体育可持续发展的关键

建立和完善社区老年体育管理体制与运行机制,是强化社区老年体育组织管理,推进社区老年体育可持续发展的关键所在。在全面建设小康社会进程中,社区老年体育管理体制的基本框架应包括以下内容:

① 在市一级设立社区老年体育领导机构及社区老年体育协会组织。

② 在市辖区一级建立社区老年体育指导机构及社区老年体育协会组织。

③ 在街道一级成立社区老年体育工作机构与社区老年体育协会组织。

④ 在街道辖区发展各种社区老年体育活动组织。

⑤ 各级社区老年体育管理机构应建立健全工作制度和工作程序,实施规范化管理。

第七章 老年休闲体育

知识经济和信息时代的到来,使得体力劳动减少,生活节奏加快,人们有时处于高度的精神紧张和心理压力之下。拉扎鲁斯把压力理解为个人与环境中的人、事、物的一种特别关系,这种个人与环境中的人、事、物的关系,被评估为是会造成心理负担的,或超越其资源所能负担的,以及危害其健康及个体综合利益的。压力需要释放,而休闲体育成为缓解紧张和释放压力的一种有效方式。

第一节 休闲体育概述

所谓休闲,是指在非劳动及非工作时间内,人们通过采用各种"玩"和"游戏"的方式,达到身体保健、恢复体能及愉悦身心目的的一种业余生活。文明、科学的休闲方式,可以使机体的能量得到有效储存和释放,并在能量的储存和释放过程中,使人的身体素质得到有效调节和提高,同时可以使人的生理和心理功能得到更好的锻炼。

一、休闲体育的分类

1. 按参加者在活动时的身体状态分类

按参加者在活动时的身体状态,可将休闲体育分为以下几类:
(1) 观赏性活动
观赏性活动是指观赏各种体育竞赛和休闲体育的表演。在观看比赛和表演的过程中,人们跟随比赛和表演的情况,会表现出赞赏、惊叹、激动、沮丧、愤怒等情绪,从而使心理压力得到充分释放,在观赏的过程中,人们还可以学到一些体育知识,欣赏到体育运动的特有魅力。
(2) 相对安静状态的活动
相对安静状态的活动主要是指棋牌类、垂钓类等休闲活动,这类活动的身体活动量小。
(3) 运动性活动
根据各种休闲活动的特性,运动性的休闲体育活动又可分为:
① 命中类运动。人们通过运用自身的技巧和能力,借助特定的器械击中目标,如投篮、打靶、射箭、台球、高尔夫、保龄球等。
② 冒险类运动。在有严密的措施和安全保障下,人类对大自然的一种具有挑战性的休闲活动,如沙漠探险、漂流、游泳横渡海峡、滑翔伞等。
③ 眩晕类运动。借助特定的运动器械和设备,使人在运动中获得在日常生活中难以体验的空间运动感觉,感受身体与心理的极限刺激,如各种滑动、旋转、升降、碰撞类的游乐项目。
④ 技巧类运动。人们运用自身的技巧,借助特定的轻器械所表现出来的具有高度灵巧性和技艺性的运动,如花样滑板、自行车超越障碍等。
⑤ 水上、冰雪类运动。在水上和冰雪上进行的休闲体育活动。水

上项目，如游泳、潜水、划水、摩托艇、帆板、冲浪等。冰雪项目，如滑雪、花样滑雪、雪橇、滑冰、花样滑冰等。

⑥ 户外运动。人们在自然中的各种体育休闲方式，如野营、远足、登山、攀岩、定向越野、野外生存等。

⑦ 游戏竞赛类运动。将竞技体育比赛项目的规则进行简单化和游戏化改造之后，形成的休闲游戏比赛，如沙滩排球、三人制篮球、五人制足球、软式排球、软式网球等。

2. 按参与休闲体育活动的目的和动机分类

按照人们参与休闲体育活动的目的和动机，可将休闲体育分为：

（1）健身类

健身类体育活动是人们为了保持身体功能的良好状态，促进身体健康和增强体质的活动。从其本质上来说，这种健身类休闲体育活动是人们在休闲时间从事的塑造自身并努力使自己更好的活动。

（2）消遣类

消遣类体育活动是使人们的生理和精神疲劳得到休息和解放的活动。

（3）娱乐类

娱乐类体育活动是指具有一定程度的身体练习，又能在活动过程中使人获得愉悦情感的活动。

（4）探新求异类

洞穴探险、背包旅游、野营等活动可以使人们远离工作和日常生活中熟悉而枯燥的环境，带给人们新的感官刺激，同时给人们带来极大的新颖感，以满足人们探新求异的心理需要。

（5）交际活动类

在工作条件下，人们之间的相互关系受到劳动纪律和规章制度的约束，人际交流缺乏一定的自由度和灵活性。休闲时的人际交流会给人带来愉悦感。

（6）竞赛类

竞赛类休闲体育活动强调活动的过程和形式，并不看重活动的结果，是以过程和形式来满足人们的某种需要。

（7）寻求刺激类

寻求刺激类的体育活动以挑战人们的能力和胆量为目的，具有一定的难度，能够使人们产生兴奋、紧张、激动等情绪，而人们处于这样的情绪状态中，对活动也更加倾心尽力，更加着迷。因而，人们更加热衷于这类活动，如激流冲浪、攀岩等。

二、休闲体育的特征

1. 自发性

随着闲暇时间的增多，人们对自由时间的支配程度提高，人的自由度得到充分发挥，休闲也已成为每个人的生活权利，成为人们生活的重要组成部分。在当今社会，人们有着充分的自由意识，人们支配自由时间的权利就在休闲活动中体现出来。

2. 自然性与社会性

生命必然会遵循生命运动的基本轨迹，生命体保留了本能的需求和活动方式，然而人的这些本能需求在个体社会化进程中被特定的方式所制约，从而以社会人的特有方式来满足这些需求。

3. 参与性

休闲体育是一种具有较强实践性的社会活动，人们需要亲身参与，在休闲体育活动过程中可体验和获得某种感受，通过自身的活动体验可形成自己的观念和想法。反之，人们如果没有亲自参与其中，就无法得到那种所期望的感受，也不能完整地表达自己。因此，休闲体育的参与性是活动者亲身实践的过程。

4. 时代性

休闲体育是在一定的历史阶段和文化背景下产生和发展起来的。同时，由于在不同的历史时期，物质文明和精神文明存在较大差异，所以各个历史时期所产生的休闲活动方式也是不相同的。休闲体育活动是随着时代的进步和要求而逐步演变和发展的。

5. 流行性

一种体育活动往往会在很短的时间里在一个地方流行起来，成为人们在休闲时间里十分热衷的活动，但与其他具有流行性的事物一样，这种体育活动可能在风靡一时后，被另外一个新的体育项目所取代。

6. 层次性

休闲体育的层次性主要体现在三个方面：

① 参与者的年龄层次。通常情况下，不同年龄阶段的人有着不同的需要和爱好，而这种需要和爱好会对人们选择休闲体育活动的方式产生直接影响。

② 活动内容的难度层次。不同休闲体育活动的技术标准有高有低。根据活动内容的难度层次选择休闲体育活动主要取决于参与者对自己运动能力的定位。如个人运动能力较强者，往往会选择技术含量较高的休闲体育项目；而个人运动能力相对较差者，更愿意选择那些技术要求和难度都比较低的项目。

③ 活动方式的经济消费水平层次。例如，某些休闲体育活动属于高消费，可能对个人的经济情况有一定的要求，既能显示个人身份，也能表现个人的运动能力；有些人更愿意选择那些不需要多少开销就能开心愉快的活动项目。

7. 伦理性

休闲体育活动作为一种社会行为，必然要受到一定的社会伦理道德及规范的制约，活动参与者必须要遵守这些道德原则才能被其他人所接受，否则其活动就会遭到禁止和抵制。随着现代社会文明程度的提高和人与人之间关系的愈加密切，这种伦理性显得尤为突出。

8. 多样性

当今社会文明的高度发展，是人类智慧的结晶。人类的智慧有着无穷的力量，可以创造出新的技术和方法。就休闲体育来说，发展至今，人们所创造的休闲体育活动数不胜数，很难统计出准确的数据。另外，随着现代社会的不断发展，许多带有先进科技性的休闲体育活动也不断涌现出来，这就是休闲体育的多样性特征。

9. 规范性

规范性指的是大多数休闲体育活动都对参与者的行为确定了相应的规范，在活动时间和方式、与他人的关系等诸多方面都做了一定的要求，也就是通常所说的"活动规则"。

三、休闲体育的功能

1. 健身功能

休闲体育中的各种身体活动，可以有效地提高中枢神经、消化、呼吸、泌尿等系统的工作能力，提高人体的适应能力、免疫力和抵抗力等，以满足人们工作、学习和生活的需要。

2. 社交功能

休闲体育一般以集体性活动的形式出现，不同性别、不同年龄、不同阶层的人参与到共同感兴趣的活动中，非常有利于相互间的沟通交流，通过认识新的朋友，使交往的领域更加广泛，从而丰富精神生活，使人形成一种积极向上、豁达开朗的心理状态，使生活和工作的质量都有一定的提高。

3. 娱乐功能

休闲体育活动吸引众多爱好者的地方在于它的趣味性，通过参与休闲活动，可以使人的身心得到满足，情感得到升华。科学研究表明，经常参加体育活动，能促进人体内的多巴胺、内啡肽、LHD-2等"快乐素"的分泌，这些物质能够调整情绪、振奋精神。

4. 经济功能

由于人们对休闲体育的需求日益增长，从而形成一个巨大的体育消费群体，休闲体育产业也因此成为投资热点。近年来，大型的高尔夫球场、跑马场、滑雪场、保龄球馆、健身房等新兴的休闲运动项目在国内得到快速的发展。休闲体育产业的发展有效地扩大了消费，推动了经济的增长。

四、老年人参加休闲体育的必要性

1. 增进老年人沟通与休闲

由于社会的发展和之前的人口控制政策,家庭中子女的数量越来越少,家庭的规模越来越小。随着年龄的增长,很多子女们到外地谋生计,逐渐远离了家庭和父母,尤其是在成家立业之后,往往会远离父母,导致了空巢老人和独居老人的出现,再加上和亲属之间见面机会减少,交流的机会也不多,从而使老年人易产生孤独感。在这种情况下,老年人容易出现心理和精神疾病,他们对科学知识不够了解,若不能进行及时的诊治,易导致情况的恶化,给家庭和社会带来危害。如果老年人积极参与休闲体育活动,这种情况将会大大改善。

2. 改善老年人休闲质量

报纸杂志、文学作品、影视作品、舞蹈等与文化艺术相关的休闲娱乐方式中反映老年人生活、符合老年人欣赏习惯的作品很少,即使偶然有合他们口味的演出,又因为价格太高、演出场次少或演出地域的限制而无法如愿观看。这就导致了老年人休闲生活的质量较低。看电视也是老年人的一种休闲方式,但是这种方式具有一些负面影响,而人们对这些负面影响还缺乏足够的认识。长时间坐在电视机前,缺少体育运动,会导致一些身体疾病。

3. 社区为老年人提供适当的休闲方式

我国的社区建设尚不完善,尤其是缺乏一些专业的社区管理人员,无法有效组织老年人的休闲活动,导致了老年人休闲生活缺乏。另外,以社区为主的文化设施数量十分有限,特别是文化广场、露天演出、科普画廊、街头报亭、社区图书馆、志愿者活动等既有意义又方便可行的休闲形式较少,因此有必要鼓励老年人参加休闲体育活动。

4. 提高老年人休闲观念

和年轻人相比,老年人的年龄较大,观念比较保守,尤其表现在休闲方面。大多数老年人的休闲观念较落后,无法充分利用自己的休闲时间。他们的传统观念认为吃好、喝好、不生病便是完美的老年生活,这显然是片面的。近些年来,老年人的休闲生活逐渐受到关注,但是尚不能满足大多数老年人的休闲需要。

第二节 适合老年人的体育运动项目

老年人的生理和心理具有特殊性,要科学合理地选择休闲运动项目。适合老年人身体锻炼的休闲体育项目有很多,有现代的运动项目,如游泳、门球、乒乓球等,还有传统项目,如垂钓、气功等。但是老年人无论选择哪种项目,只要按照相应项目的要求,在保证自身安全的情况下,都能取得良好的效果,从而达到促进身心健康的目的。

一、身体基本运动方式

走、跑、跳、投、攀登、爬越等运动,属于人体基本活动范畴,是人们生活和生产劳动所需要掌握的技能,也是最为简便、易见实效的健身运动项目。

1. 步行

常规行走是每个人都可进行的身体运动,是一种无需专门学习便能进行锻炼的健身方式,是迈开双腿就能做的简单运动,既安全又简便,男女皆可,老少皆宜。常用的走路锻炼方式有普通散步法、快速步行法、定量步行(医疗步行)法、摩腹散步法、倒步走、竞走、赤脚行、路石走。

2. 跑步

跑步是一种全身性的运动,可对人体产生多方面的影响。跑步是一项实用技能,对于日常生活和生产劳动都具有重要的作用。跑步可以分为以增进健康为目的的跑步和以参加比赛为目的的跑步。跑步的具体方法有走跑交替法、匀速跑法、变速跑法、重复跑法、间歇跑法、定时跑法。

3. 自行车运动

自行车运动是人借助自行车机械传动装置踩动踏板推动身体前移的一项运动。运动时两手握把，身体前倾，两腿及全身交替用力下踏，使两轮形成稳定的运动支撑。自行车运动被认为是一种周期性的有氧运动。自行车运动的方法有很多，如慢骑行、定时骑行、定距离骑行、重复骑行、变速骑行等。

二、球类运动

球类运动具有浓厚的游戏性（即娱乐性），能极大地提高人们的活动兴趣和欣赏兴趣。它常常以竞争和群体的方式进行，不仅能有效地培养人的勇敢、果断等意志品质，还能增强人们的参与意识，陶冶人的情操，培养人的竞争意识、群体意识和审美意识。

1. 乒乓球运动

经常参加乒乓球运动，不仅能提高人体神经系统的灵活性，改善人体的心血管系统的功能，使人的反应加快，思维敏捷，动作协调，四肢灵活，形体健美，而且能培养人机智果断、勇敢顽强、勇于进取和敢于拼搏的优良品质，并对调节人的心理问题、提高人的适应能力具有积极的影响作用。

2. 羽毛球运动

老年人和体弱者可以将羽毛球运动作为保健康复的方法进行锻炼，达到出出汗、弯弯腰、舒展关节的目的，从而增强心血管和神经系统的功能，预防和治疗老年人心血管和神经系统方面的疾病。

3. 门球运动

门球活动可以增强脑细胞的活力，锻炼思维和记忆能力。同时，门球是运动与娱乐兼而有之的项目，打门球能够使参加者心情愉悦，忘却生活中的烦忧，对锻炼者的心理保健起着重要作用。

4. 柔力球运动

柔力球又称为太极柔力球。健身者手持特制的拍子，用弧形引化的方法将球抛来抛去，可以单独练习、两人对抛、多人传接或隔网竞技。柔力球运动适合所有年龄段的人，是休闲娱乐的健身项目。老年人可以根据自身体质，调节运动量和运动方式，提高练习柔力球的兴趣。

5. 气排球运动

气排球有弹性，手感舒适，不易伤人。气排球运动要求健身者技术全面、动作细致，具有较强的观赏性。气排球运动有跑、跳、蹲、转身等动作，可使脑、眼、手、腰、脚等都得到锻炼，有利于强身健体。气排球是集体球类项目，必须协调配合，有利于促进成员之间的团结。

三、水中运动

水中运动可以加速臀部、腿部、背部损伤的康复，可以让有平衡和关节问题的人安全地进行运动。水中运动有陆上运动不可比拟的优势，例如，在整个运动过程中，水提供全面的阻力，练习者在运动时不会对关节产生影响，许多老年人都喜欢这种温和的运动。长期坚持水中运动，不仅可以调节人体姿态，而且可以使整个人体向流线型发展。水中运动内容广泛，形式多样，具有较强的趣味性。在运动过程中，运动者的相互交流能使他们增强自信心、开阔眼界、放松心情。

四、健美操和舞蹈类运动

经常进行健美操锻炼，有益于肌肉、骨骼、关节的匀称与和谐发展，有利于塑造优雅的体型，改善人体内脏功能特别是心肺功能，促进新陈代谢，从而达到增强体质的效果。健美操锻炼具有良好的心理作用。在音乐的伴奏下进行健身锻炼，可以使锻炼者得到愉快的情绪体验，从而调动人的精神力量，使人们进入一种最佳的心理状态，产生向往和追求美的心理趋势。

作为健身舞蹈的一种，广场舞将传统健身术、民间舞蹈与音乐相结合，受到越来越多的老年人喜爱。跳广场舞不仅可以健体、健美、健心，还可以调节情绪，改善人际关系，促进身心健康。经常进行广场舞锻炼，不仅可以强壮肌肉、扩大关节活动范围、增强关节的弹性和灵活性，有助于防治老年性运动器官劳损和骨质疏松症，还可以改善心肌功能，防止脂肪在血管壁沉积，以保持血管弹性，促进新陈代谢，并预防肥胖、糖尿病、冠心病和神经系统疾病等。

健身秧歌的运动强度适合老年人，其节奏舒缓，难度小，运动量也不大，手部动作多，简单易学，音乐欢快。经常扭健身秧歌，不仅可以使老年人心肌发达，血管壁弹性增加，还能促进新陈代谢。另外，经常进行健身秧歌活动，除了对老年人的身体具有调节功能外，还可以调节老年人的情绪，有利于身心健康。

五、民间传统项目

太极拳注重内功训练与演练意境，强调呼吸，以意领气，动作连绵不断；速度可快可慢，运动量大而不剧烈。其特有的圆形动作，能使全身肌肉群都能活动，关节也能得到多方位的、幅度较大而柔和的运动，从而提高肌肉和关节的机能。常练太极拳，还可以有效调节大脑功能，对畅通经络、血管、淋巴、循环系统均有良好的作用。太极拳常采用腹式呼吸，并要求呼吸逐渐调节到深、长、细、缓、匀，对呼吸系统是一个良好的锻炼。

五禽戏是一套使全身肌肉和关节都能得到舒展的医疗性锻炼项目。练习五禽戏，能把肢体的运动和呼吸吐纳有机地结合到一起，促进健康。五禽戏是一种外动内静、动中求静、动静具备、有刚有柔、刚柔相济、内外兼练的仿生功法，具有保健强身的功效。研究证明，它能提高心肺功能，改善心肌供氧量，提高心脏泵血能力，促进组织器官的正常代谢。

经常练习木兰扇，可以明显降低体脂百分比，提高肺活量、每搏输出量、最大摄氧量，增强心肌收缩能力。老年人经常参加此项运动，可以提高身体功能和延缓衰老。对于老年女性来说，长期有规律地进行木兰扇健身，还可以改善血脂和性激素水平。

抖空竹是一项全身运动，对四肢、躯干、头部、颈部均有良好的锻炼作用。抖空竹不仅能促进全身血液循环，提高四肢协调性，促进大脑发育，提高灵敏性，延缓衰老，还可以使心情舒畅，呼吸自然，加快物质代谢。抖空竹时的大幅度运动、转体下蹲和上仰下俯，可以使身体的各个关节都得到锻炼，对肩周炎、颈椎病和腰椎病有一定的辅助治疗作用。

中医学认为，八段锦柔筋健骨，养气壮力，具有行气活血、协调五脏六腑之功能。现代研究也证实，八段锦的动作柔和缓慢，可以让机体在充分放松的基础上，发挥人体自身的调节作用，有利于机体的全面康复和功能水平的提高。坚持练习八段锦，人体的血管弹性可有较大改善，心肌收缩更加有力，迷走神经的兴奋性进一步提高，血管的充盈度和节律性更强。

第八章　老年人体育康复

随着社会发展，疾病的发生也出现了极大的变化，从过去的急性感染和急性损伤占多数转变为慢性化、老年化、功能障碍化。体育康复是指用体育的各种方法、手段进行康复，使身体受损伤的功能尽最大可能地得到恢复与重建。大量的实践证明，有效的体育康复，对于老年病患者、躯体有残疾或有精神、心理障碍以及患慢性疾病或某些手术后的患者，是一种有效的康复手段。

第一节　体育康复概述

人们在长期同大自然斗争的过程中，逐渐积累了用体育手段防治疾病的经验，使最初的医疗体育成为体育家族中的一员。随着"生物-心理-社会"医学模式的建立与发展，康复医学以最初的被动疗法即理疗为主，转为现在的运动疗法等主动康复手段。适当的体育康复能促进身体各项功能的恢复。此外，进行积极主动的体育康复锻炼，可以有效地解除或调整患者心理上存在的焦虑、忧郁等消极心理，增强患者进行康复的自信心。因此，体育康复也是心理康复的一项有效措施。

一、体育康复的特点

1. 积极主动的疗法

体育康复是一种积极主动的康复疗法。进行体育康复，要求患者主动参加治疗过程，通过锻炼进行自我治疗，有利于调动患者治病的积极性，树立治疗信心，促进健康恢复。

2. 局部兼顾全身的疗法

体育康复不仅通过神经反射和神经体液的调节机制，达到全身功能恢复或改善的目的，而且可以根据具体情况进行局部体育康复，如改善身体局部受损而导致的肌力低下、关节活动度受限的症状。

3. 自然的康复疗法

体育康复以人类固有的运动本能作为治疗手段，根据时间、地点、设备以及患者的自身特点，正确进行运动，不会产生副作用。

4. 注重功能恢复的疗法

体育康复把功能的恢复与改善作为首要任务，在认识到结构与功能辩证统一关系的基础上，更加注重从功能上治愈，达到最终康复目标。

5. 执行具有严格的要求

体育康复方法、手段的应用，必须严格按照"运动处方"来执行。一个完整的运动处方除简单记录体检及功能评定结果外，还应包括康复的目的、运动的种类（项目）、运动强度、每次运动的量、每周运动的频率、注意事项等。

二、体育康复的原则

1. 康复锻炼前必须进行体格检查

参加体育康复锻炼之前必须进行体格检查。首先，应由临床医生对患者进行全面的身体检查，了解体育康复锻炼者身体发育和健康状况、伤病的种类及性质，以确定是否适合体育康复锻炼，有无禁忌证。确定进行锻炼之后，体育康复医师应对参加者做进一步检查，检查重点为各器官系统的功能。一般内科疾病患者主要做心肺功能检查，运动器官伤病患者重点检查肢体功能，如关节活动幅度、肌肉力量等。有些患者还需做神经系统功能检查。功能检查的结果将成为制订体育康复锻炼计划——运动处方及检查锻炼效果的依据。

2. 康复计划的制订与实施要因人而异

体育康复计划的制订与实施必须根据患者的性别、年龄、伤病情况、功能检查结果、锻炼基础等进行个别化对待，安排适当的体育康复锻炼。在锻炼内容方面，肢体功能障碍患者可选用医疗体操等，身体发育畸形患者可采用矫正体操，心血管系统疾病患者及代谢病患者以采用医疗性运动为宜，呼吸系统疾病患者可练习呼吸体操，神经衰弱或溃疡病患者可采用我国传统体疗手段。体育康复锻炼运动量的安排，同样应做到个别化对待，因人而异。

3. 循序渐进

在进行体育康复时必须遵循循序渐进的原则，运动量要由小到大，动作由易到难，使身体逐步适应。在开始进行锻炼时应有短期的试验时间，经过观察和实践确定锻炼方案。锻炼过程中，随着身体功能的恢复，应逐步调整运动量，以取得较好效果。如果突然加大运动量，有可能损害患者的身体，使病情加重。

4. 坚持锻炼，持之以恒

体育运动对人体产生的影响是一个较长期的过程，只有坚持锻炼方能取得体育康复的效果。

5. 加强医务监督

定期或有针对性地对体育康复患者进行医学观察，加强医务监督，以避免意外情况的发生。锻炼中应密切观察患者的反应，特别要注意伤病情况的变化，如发现不良反应，要及时修订康复方案，修改锻炼方法，调整运动量。锻炼后如出现某些反应，但在下次锻炼之前可恢复到原来状况的，可认为处方基本适当。锻炼过程中应定期进行检查及功能评定，以便及时了解锻炼效果。

三、体育康复锻炼可采取的组织形式

体育康复锻炼以"一对一"的个别锻炼形式为主，有时也可分组进行集体锻炼。在疗养院、康复机构及保健班（特别组学生）中，可在体育康复师或体育教师的带领下，将伤病性质、功能障碍相近的患者或学生编为一组，采用相近的锻炼方法和运动进行集体锻炼。分组锻炼可提高患者情绪，调动患者的积极性，但仍应注意个别对待。

四、体育康复对人体健康的作用

1. 体育康复的生理作用

患者通过治疗性体育运动可以使其生理上产生适应性的变化，可以加强机体抵抗疾病的生理防御功能，促进暂时性代偿机制的形成，这是其他疗法所不能代替的。

（1）提高中枢神经系统的调节功能

体育康复通过适当的运动，使机体感受到刺激提高中枢神经系统的兴奋性，改善大脑皮质和神经体液调节功能。另外，长期坚持体育锻炼，能起到锻炼和加强大脑皮层活动能力的作用。由于神经系统调节功能得到改善，机体对外界环境的适应能力和对致病因素的抵抗力增强，从而提高了防病能力。

（2）改善血液循环和促进新陈代谢

体育康复能通过神经反射和神经体液调节，使全身血液循环得到改善，可以使心肌收缩加强，每搏输出量增加，骨骼肌的血液供应明显增加，从而改善新陈代谢和组织器官的营养代谢过程，使整个机体功能水平提高，有利于康复。

对于局部损伤，由于运动和锻炼使肌肉的收缩能力加强，能改善血液、淋巴循环，加强组织的营养代谢过程，进而能加速炎症产物的吸收和局部损伤淤血的消散，促进组织再生和修复。

（3）维持和恢复机体的正常功能

在机体或某一系统功能出现障碍时，通过专门的功能运动或功能练习，能使其恢复正常。

（4）增强身体代偿功能，提高免疫力

由于损伤和疾病可使身体某些器官功能发生严重损害，或者完全丧失，但身体可通过加强某一或多个组织或器官的功能以补偿受损或缺失的功能，某些代偿功能可由机体自动完成，但某些代偿功能需要专门的锻炼。科学的体育运动与锻炼等康复方法与手段，对加强身体某些代偿功能起着很大作用。

2. 体育康复的心理作用

体育运动与锻炼等康复方法与手段可改善人们的情绪，这是因为运动可提高大脑皮层和下丘脑部位的兴奋性。下丘脑有"快乐中枢"，因此，运动使人感到愉快、兴奋，对改变因疾病使人产生失望、悲观、精神抑郁的不良情绪有良好而独特的作用和效果，从而有助于疾病的康复。

第二节　老年人常见病的体育康复

一、冠心病

冠心病是冠状动脉血管发生动脉粥样硬化病变而引起血管腔狭窄或阻塞，造成心肌缺血、缺氧或坏死而导致的心脏病。

1. 冠心病体育康复疗法的作用机理

体育锻炼是冠心病综合治疗的重要组成部分，可以改善冠状动脉的神经调节功能，预防痉挛，还可以改善冠状动脉的血液循环，缓解心肌缺氧，提高心脏功能，预防心绞痛发作。另外，体育锻炼还有利于降低体重、降低血压和血脂，从而达到防治冠心病的目的。

2. 体育康复锻炼的方法

体育康复锻炼的方法可以选择步行、走跑交替、慢跑、太极拳、健身气功等。

二、老年呼吸系统疾病

1. 常见呼吸系统疾病

呼吸系统疾病是老年人最容易发生的一类疾病，常见的有感冒、慢性支气管炎、肺炎、哮喘、肺气肿、肺结核、肺源性心脏病和呼吸衰竭等。

2. 体育康复的方法

体育锻炼时，人体能量消耗增加，需要大量氧气供给和排出大量二氧化碳，使患者呼吸频率加快，呼吸加深，从而提高人体的呼吸功能。长期坚持体育疗法，能降低呼吸中枢对乳酸和二氧化碳的兴奋性，增强人体对缺氧的耐受力。长期坚持体育运动的人，呼吸频率在平静时每分钟能减少8～15次，呼吸深而慢。坚持体育疗法，可以保持肺组织的弹性，防止组织过早发生退行性病变，延缓肺硬化过程。

病情稳定时可选用下列体育疗法：两手摸墙、悬吊身体、腹式呼吸和跑步等。

三、高血压病

高血压病是动脉血管硬化而导致的以动脉血压持续性增高为主要症状的全身性疾病。该病以年长者、男性、黑种人为高发人群，是多种疾病的致病因素。遗传、饮食、职业及行为、吸烟、体力活动、肥胖等因素和高血压病有关。

有氧运动能降低周围血管阻力，老年人进行体育康复疗法时可以以有氧运动为主，配合放松运动，如放松操、太极拳及气功等。循环阻力训练适合轻度高血压病患者及健康状况良好的老年人，这种训练方式能维持和增强肌力。老年人心血管反应能力差，并且对降压药物较敏感，易发生直立性低血压，应避免选择体位变动较大的运动项目。

四、糖尿病

胰岛素分泌绝对或相对不足，器官组织对胰岛素敏感性下降会引起糖、蛋白质、脂肪、水及电解质等一系列代谢紊乱。糖尿病是一种常见的代谢性疾病，临床上以高血糖及糖尿为主要标志，能够引发多种并发症，严重影响患者的身体健康和生活质量，对人体的危害仅次于癌症，被称为现代疾病中的第二杀手。其典型症状有多尿、多食、消瘦、多饮，并发症有神经障碍、糖尿足、糖尿病视网膜病变、肾病、血管病变等。

防治糖尿病最有效的运动类型是有氧耐力运动，如步行、慢跑、游泳和自行车运动等。老年人宜选择步行、慢跑和太极拳运动；肥胖者可选择游泳和自行车运动；体力较好者可配合肌力练习。步行和中等强度的规律运动，是防治糖尿病的最佳运动方式。

适于有合并症的糖尿病的运动类型有：

合并末梢神经炎：推荐进行水上运动（如游泳）、低阻力自行车运动和上肢运动等。

合并末梢血管炎：可进行上肢运动、步行和游泳。

合并有足部溃疡和截肢延缓愈合的：避免负重运动，适宜参加上肢运动和肌力训练。

合并有肥胖：为减少下肢骨关节损伤，避免负重运动。

合并有进行性视网膜病变：不宜参加引起血压升高的运动，血压升高将加重视网膜病变。

一般主张餐后运动，餐后 0.5～1.5 小时运动为宜，尤其是餐后 1

小时是运动最佳时间。2 型糖尿病患者最好每天在午餐和晚餐后 1 小时开始中低强度有氧运动；1 型糖尿病患者运动时间最好选择在早晨，在胰岛素使用前进行，以减少低血糖反应。在使用胰岛素 1.5 小时后或口服优降糖 1 小时后暂勿运动，以免引起低血糖反应，因为这时是胰岛素或口服降糖药发挥最大效应的时间。

五、骨质疏松

骨质疏松是中老年人常见的代谢性骨病，表现为疼痛，尤其是腰部和承重骨。轻微活动如弯腰、负重甚至咳嗽，即可诱发骨折，由骨质疏松引发的骨折多发生于腰椎、股骨颈、腕部。骨质疏松症与激素调控、营养状况、物理因素、免疫状况及遗传因素等有关，其中缺乏运动是引起骨质疏松症的一个重要因素。

适量运动能改善、维持骨结构，过量运动会导致骨密度偏低，甚至导致骨质疏松。大量研究显示，运动是影响骨量的主要因素。运动对骨量的影响通过机械负荷对骨骼的直接刺激作用（如地面反作用力作用于骨骼以及骨骼所承受的压力）和肌肉收缩时对骨骼产生的牵拉力、挤压力、剪切力等间接作用来实现。此外，运动时日光照射能使体内的维生素 D_3 浓度增高，还能使锻炼者的营养吸收增加，这些因素都对骨量产生不同的影响。适量运动有利于增加骨骼的负载，刺激骨骼形成，提高骨密度。运动医学研究发现，简单的跳跃、快走、跑步、跳绳等都可以改善骨密度，老年人发生骨折的风险会降低。

六、颈椎病

颈椎病是颈椎间盘退行性改变、颈脊椎骨质增生以及由此而引起的一系列临床症状的总称，也可称为颈椎综合征。引起颈椎病的原因有很多，如慢性劳损、颈部损伤、颈椎椎管发育异常等。颈椎病的体育康复方法以缓解症状为目的，采用综合治疗方法，包括牵引、体育康复、按摩、理疗、药物等。

颈椎病的体育康复方法一般选择以下两种：

徒手颈功锻炼，如左顾右盼、前屈后伸、颈椎侧弯、健侧牵引、夹背牵项等。

按摩疗法有消除肌肉痉挛、舒筋活血、消肿止痛的作用。但以急性炎症稍消退再开始为宜。若患者头痛头昏，应加做头部按摩。拇指点揉印堂、鱼腰、太阳、阳白、上星、头维、百会等穴，再用指尖叩击头部经穴，以梳理头部结束。

七、肥胖

肥胖是人体内的脂质代谢紊乱，脂肪在皮下和脏器周围堆积所致，是机体能量摄入大于消耗的一种慢性能量平衡失调状态。肥胖既是一种独立的疾病，又是2型糖尿病、心血管系统疾病、高血压病、中风和多种癌症的危险因素，被世界卫生组织列为导致疾病负担的十大危险因素之一。引起肥胖的原因有很多，如遗传、活动量少、精神紧张、膳食结构不合理等。

实践证明，运动减重不应盲目地认为运动量和强度越大越好。以有氧代谢为主的中等强度的能量代谢运动又称"有氧运动"，这种运动的效果最佳。在选择运动量和强度时，要坚持贯彻区别对待的原则：一般轻度、中度肥胖，体力较好，无心血管器质性病变者，运动强度可大一些；重度肥胖、体力较差，或合并冠心病、高血压病患者，则应量力而行，防止运动伤害和过度疲劳。

肥胖体育康复方法有：①耐力性运动，如步行、慢跑、脚踏固定自行车、游泳等有大肌群参与运动的长时间的运动；②力量性运动，如仰卧起坐、直腿上下打水式运动、双直腿上抬运动等；③中医体疗与按摩疗法，比如慢跑或步行之后，练一套五禽戏、八段锦或太极拳，运动量要逐渐增大，以微出汗，感觉不太劳累为佳；④其他运动项目，如韵律操、健美操、广场舞等。

八、帕金森病

帕金森病，又称之为震颤麻痹，主要由黑质、纹状体中多巴胺含量显著减少所致的震颤、肌强直和运动减少的综合征。此病除晚期（失代偿期）需药物外，早期可接受按摩、理疗、体育康复、语言训练等帮助康复。临床上，此病分为原发性和症状性两种，前者为脑的退行性病变，后者为脑炎、锰或一氧化碳中毒及脑动脉硬化等引起。帕金森病的主要症状是静止性震颤；肌强直表现为锥体外系型齿轮样肌张力增高；少动表现为动作缓慢，行走呈"慌张步态"，一切运动不便，手指运动尤其不便。

帕金森病的体育康复能去除或控制静止性震颤，在少量意识控制或不需意识控制下，使运动变得平稳、协调。体育康复方法有：

1. 关节活动范围训练

控制四肢和躯干的各关节活动范围，尤其要注意手部的精细动作训练，如打结、拉线、打点、写字等，还可用分指圆锥辅助训练。

2. 呼吸肌训练

此病的运动减少可影响至呼吸肌，应作深呼吸，以锻炼肋间肌、膈肌等。

3. 步行训练

两眼前视，身体站直，上肢的协同动作与下肢起步合拍，足尖尽量提高，足跟先着地，跨步要慢，步距要小，并作转换方向练习。

4. 面部动作训练

此病会呈假面具样面部表情，康复者需作吹哨、露齿、鼓腮、闭眼、展眉等动作的训练，以改善面部表情。

5. 语言功能锻炼

此病由于肌肉运动的减少而出现声音单调、低沉、构音不全或口吃。应要求患者全身放松（唇、舌、颈部肌肉等也都放松），对语调的高低、语音清晰度进行训练。

上述训练方法，可根据患者病情，选一项至多项，每日反复数次，强度适宜即可。

第九章　老年人体育服务保障体系

针对人口老龄化的日趋加剧，联合国提出了"健康老龄化""积极老龄化"的应对方针，这不仅仅要提高老年人的生活质量，还要使他们在老龄化的过程中能够充分发挥其各方面的潜能。大力发展老年人体育事业，是我国实施"积极老龄化"和"健康老龄化"的重要内容。因此，建立一个与经济社会发展相协调、与老年人特点和需求相适应的老年体育服务保障体系，是发展老年体育的重要基础。

自《全民健身计划纲要》颁布实施以来，以全民健身为核心的体育服务保障体系建设取得了显著成就，这为进一步完善体育服务保障体系奠定了良好的基础。2009年首次全国老年人体育健身大会的召开，推动了老年人体育事业的发展。

全民健身服务是指专门为人们进行健身、休闲娱乐活动创造条件并提供帮助的各种群众体育工作的总称。全民健身服务主要包括：①为群众健身提供场地设施；②成立群众性体育组织，开展群众体育活动；

③提供信息服务,进行组织管理;④进行体育文化宣传,提供健身休闲活动指导等内容。

第一节　老年人体育活动设施的建设与管理

体育活动设施包括体育场地和体育器械,是开展体育活动所必需的物质条件。老年人参加体育活动时,选用的体育设施需要符合其生理特点和健身需求,确保科学合理、匹配得当、安全可靠。老年人只有正确使用体育设施,在保证安全的前提下,才能达到强身健体、促进健康的目标。

一、影响老年人体育设施选择的因素

1. 年龄

运动健身需要心血管系统承受较大负荷,进而提高心血管系统的适应水平。但是,老年人若承受较大的运动负荷,就可能会给自身安全带来隐患。因此,选择体育设施时一定要考虑不同年龄阶段的老年运动人员对体育设施的需求。

2. 锻炼需求和层次

根据参加体育活动的老年人的身体素质、运动能力、心理倾向等方面的差异,分出不同的锻炼需求和层次,选择不同的体育设施,促进不同层次的运动者达到最佳的运动锻炼效果,感受体育活动的快乐。按照锻炼需求和层次选择运动设施最大的特点是要充分考虑个体的差异性,这有利于调动运动者的积极性,让每个参加体育活动的人都能有所收获。

3. 残疾老年人的运动需求

康复健身是残疾人参与体育的初衷。适当的体育活动能促进残疾人

获得康复,更好地参与社会生活。体育运动对残疾人的康复起着积极作用,可以有效地改善残疾人身体各器官和系统的功能,提高机体的能力,最大限度地消除残疾带给他们的不便,使他们融入社会,增强生活的信心和勇气,逐步走上身心健康发展的道路。因此,对体育设施的选择应充分考虑残疾人的健身需求,其目的是使他们积极参加体育活动,达到康复和健康的目标。

为残疾人所准备的体育设施大体应具备三个条件:

第一,体育设施应更加专业。残疾人属于特殊人群,其使用的体育设施应当具备特殊性,从而符合他们的使用需求。

第二,体育设施应更加人性化。残疾人所用的体育设施应避免金属材质和过于坚硬的设施,以免对参加体育活动的残疾人造成意外伤害,降低残疾人参加体育运动的积极性。

第三,体育设施应有利于康复。很多肢体残疾的人如果不加强锻炼,肌肉很容易萎缩,会进一步加重其生活负担。因此,残疾人体育设施应当有利于康复,进而有利于帮助残疾人实现健康生活。

4. 需重视的问题

选择体育设施需要重视的问题大体可以分为三个方面:

第一,避免体育设施单一化。单项运动往往偏重锻炼身体的某一部位,难以达到全身锻炼的目的。每种运动项目都有其优点和不足,选择多种运动项目进行锻炼,有助于优劣互补,使全身受益。老年人各器官的功能普遍衰退,各器官系统均需要锻炼。如果只从事单一选项的锻炼,很容易造成局部肌肉疲劳,对健康造成伤害。因此,老年人年龄越大,越应该选择偏向于多项混合运动项目的体育设施,以达到全面均衡锻炼的目标。

第二,避免体育设施带来的运动过量,选择体育设施时应当测试该设施带来的运动量。体育健身要求把运动量恰好控制在对身体有利的平衡点上,尤其是对老年人,由于其身体机能衰退,过量运动不但无法起到健身效果,反而会带来运动损伤。

第三,避免体育设施过于乏味。老年人的身体机能下降,无法完全根据自己的兴趣爱好和运动基础来选择体育设施。因此，老年人所选择的运动项目既要满足他们的兴趣爱好，又要适合他们的身体机能水平，并辅以相关的或补充性的活动。适合老年人的体育设施应当具备一定的趣味性，避免过于乏味，以免使老年人无法坚持运动，达不到锻炼的既定目标和效果。

二、老年人体育设施的设置要求

为老年人准备的体育设施，其设计布局要符合老年人的特点，要科学合理、安全可靠。此外，体育设施的日常维护也是相当重要的，否则的话，即使设计得再好，如果不进行日常保养维护，不仅存在安全隐患，而且会因使用不当而达不到体育锻炼的目的。

1. 体育设施的设置原则

（1）科学合理性

明确体育锻炼目的，掌握体育锻炼理论及人体运动的基本规律，才能使体育设施的设置达到科学合理。例如，进行各种健身路径锻炼时，身体各部位的练习要依据一定的顺序进行，遵循由大关节到小关节、由大肌群到小肌群的顺序进行练习。体育设施应当能使锻炼者身体的各个部位都得到协调锻炼，并使锻炼者的各项身体素质都得到发展。另外，需要将所在地域的气候、自然地形、建筑和周围环境、地域风貌与传统文化等与体育设施总体的空间布局相结合，合理利用场地的各个区域，科学合理地设置老年人喜爱的体育设施。

（2）匹配性

受年龄、性别、身体状况等方面差别的影响，参加体育锻炼的老年人的情况各不相同。因此，体育设施要针对锻炼者的实际情况进行设置。根据对身体素质的分类，配制不同的体育设施，使不同类型的锻炼群体能依据自身条件选择适合自己的锻炼设施。

（3）安全可靠性

体育设施的设置必须安全、可靠，并符合国家规定的一系列安全要求和产品安全标准。全面考虑体育设施的配备，必须始终贯彻"安全第一"的宗旨,精心组织,细心检查,严格要求,落到实处。在日常使用时,需制订实施方案、操作规范,建立安全监督机制,并做好紧急处置的预案;增加安全防范措施,尽量减少可能造成安全事故的可能性;对容易发生事故的地段或环节,应当设置缓冲、隔离区域,安装软包层、缓冲垫、隔离栏等安全保护装置。

2. 体育设施的维护

(1) 体育器械的日常保养

第一,定期清洁。体育器械要定期清除灰尘,以保护部件的清洁。每次使用完毕,要使用微湿布对器械外观进行清洁,特别是要对有汗渍的部分进行仔细擦拭,有条件的可以在擦拭完毕后,再对器械各部分用水性蜡擦拭一遍,以免脱漆生锈。

第二,定期检查。对体育器械的各部位,应当每天检查一次,查看钢索有无断丝,器械各部件螺钉有无松动,各部件有无摇晃,有无开焊、断裂之处,如有异常现象,应当及时紧固或更换磨损件。

第三,定期维护。对体育器械的各部位,根据使用频度定期上润滑油,保证连接处润滑和结构稳定。在体育健身设施的使用过程中,要观察或聆听有无不正常现象,如有发现,立即停止使用,及时修理,以免使损害程度扩大。

(2) 体育场地的日常保养

不同材质体育场地的保养方式不同,具体如下:

① 土质场地。土质场地的面层结构比较松散,吸水过多会导致场地松软,物理性冲击会导致面层损伤。因此,土质场地的日常维护应保持一定的湿度和硬度,保持场地平整和清洁卫生。

② 水泥场地。水泥场地在维护良好的条件下使用寿命较长,但一旦开始破损就会很快发展开来。因此,必须做好预防性、经常性的维护,及时发现破损,采取措施,以保持场地状况完好。

③ 塑胶场地。为了提高塑胶场地的使用年限,保持其性能的稳定和色泽的绚丽,禁止各种机动车辆在上面行驶,以防滴油腐蚀胶面;禁止携带易爆、易燃和腐蚀性物品入内,要保持清洁,避免有害物质

的污染；避免长时间的重压，防止剧烈的机械性冲击和摩擦，以免弹性减弱和变形。另外，随着时间的延长，塑胶表面会老化，场地的各种标志会褪色，因此，使用数年后最好喷一层塑胶液重新描画标志线。

④ 木质场地。进入木质场地的锻炼者必须穿软底鞋，禁止穿皮鞋、高跟鞋和带钉鞋入内，场内严禁吸烟、吐痰和泼水。木质场地需经常涂地板蜡，以保持地板不干裂、不变形，但打蜡容易导致地面太光滑而使锻炼者发生摔跤，所以打蜡应当视地板的实际情况而定。

⑤ 人工草坪场地。人工草坪场地要防止明火、黏稠物质、油脂类物质以及物理性冲击，禁止在场地内吸烟和用火作业，禁止任何车辆驶入场地。

⑥ 天然草坪场地。强酸、强碱类物质，物理冲击，长时间覆盖，病虫害等，都会对草坪造成伤害。在日常使用中应当禁止携带含糖类饮料进入场地，禁止硬物对草坪的冲击和长时间覆压，禁止除场地机械以外的机动车驶入，避免草坪产生沟痕和车辆漏油对草坪的伤害。

三、老年人体育活动场地设施的建设

体育活动场地设施是健身锻炼的载体，包括用于健身活动的建筑物、场地和固定的器材设备等，是实施全民健身计划的重要部分，是根据人们身心发展的特殊需要和社会走向健康文明的需要而建设的。

体育活动场地设施是人们参加体育锻炼的根本物质保证，其发展速度影响着体育人口的增长速度。体育活动场地设施的数量和布局是影响人们参与体育锻炼的主要因素，它直接影响人们对大众体育项目的选择，是大众体育政策中的重要内容，也是大众体育投资的主要目标。我国全民健身设施建设取得了巨大成就。"全民健身工程"的建设在一定程度上缓解了我国健身设施不足的现状，提升了人民群众的健身质量，产生了良好的社会效益。但是从长远来看，广大人民群众日益增长的体育需求和社会体育资源相对不足的矛盾，仍然是我国体育事业发展中的

主要矛盾，全民健身场地资源的相对匮乏，仍然制约着全民健身活动的开展。同时，有些公共体育设施规划布局不合理、功能单一、使用不科学、监管不到位、资源不能共享或资源闲置、利用率不高等问题，也严重制约着全民健身活动的深入发展。比如，健身器材的设计存在不妥之处，专为老年人设计的器材较少；健身设施的维护不到位，损毁现象严重等。

老年人体育活动场地设施的合理化建设与服务保障内容介绍如下。

1. 强化政府服务职能和政策支持

强化政府公共服务职能，为百姓解决民生问题，把以科学发展观为指导的精神落实到保民生、促发展的实际行动上来。《全民健身条例》第二条提到县级以上地方人民政府应当将全民健身事业纳入本级国民经济和社会发展规划，有计划地建设公共体育设施，加大对农村地区和城市社区等基层公共体育设施建设的投入，促进全民健身事业均衡协调发展。第二十七条提到了公共体育设施的规划、建设、使用等情况，规定了公共体育设施的规划、建设应当与当地经济发展水平相适应，方便群众就近参加健身活动；农村地区公共体育设施的规划、建设还应当考虑农村生产劳动和文化生活习惯。

2. 扎实推进全民健身工程建设

2016年6月15日，国务院印发了《全民健身计划（2016—2020年）》，计划中提到：统筹建设全民健身场地设施，方便群众就近就便健身。按照配置均衡、规模适当、方便实用、安全合理的原则，科学规划和统筹建设全民健身场地设施。推动公共体育设施建设，着力构建县（市、区）、乡镇（街道）、行政村（社区）三级群众身边的全民健身设施网络和城市社区15分钟健身圈，人均体育场地面积达到1.8平方米，改善各类公共体育设施的无障碍条件。有效扩大增量资源，重点建设一批便民利民的中小型体育场馆，建设县级体育场、全民健身中心、社区多功能运动场等场地设施，结合基层综合性文化服务中心、农村社区综合服务设施建设及区域特点，继续实施农民体育健身工程，实现行政村健身设施全覆盖。新建居住区和社区要严格落实按

"室内人均建筑面积不低于0.1平方米或室外人均用地不低于0.3平方米"标准配建全民健身设施的要求,确保与住宅区主体工程同步设计、同步施工、同步验收、同步投入使用,不得挪用或侵占。老城区与已建成居住区无全民健身场地设施或现有场地设施未达到规划建设指标要求的,要因地制宜配建全民健身场地设施。充分利用旧厂房、仓库、老旧商业设施、农村"四荒"(荒山、荒沟、荒丘、荒滩)和空闲地等闲置资源,改造建设为全民健身场地设施,合理做好城乡空间的二次利用,推广多功能、季节性、可移动、可拆卸、绿色环保的健身设施。利用社会资金,结合国家主体功能区、风景名胜区、国家公园、旅游景区和新农村的规划与建设,合理利用景区、郊野公园、城市公园、公共绿地、广场及城市空置场所建设休闲健身场地设施。进一步盘活存量资源,做好已建全民健身场地设施的使用、管理和提档升级,鼓励社会力量参与现有场地设施的管理运营。完善大型体育场馆免费或低收费开放政策,研究制定相关政策鼓励中小型体育场馆免费或低收费开放。确保公共体育场地设施和符合开放条件的企事业单位、学校体育场地设施向社会开放。

3. 多渠道筹措经费,专款专用

《全民健身计划》中对资金的渠道做了规定:建立多元化资金筹集机制,优化投融资引导政策,推动落实财税等各项优惠政策。县级以上地方人民政府应当将全民健身工作相关经费纳入财政预算,并随着国民经济的发展逐步增加对全民健身的投入。安排一定比例的彩票公益金等财政资金,通过设立体育场地设施建设专项投资基金和政府购买服务等方式,鼓励社会力量投资建设体育场地设施,支持群众健身消费。依据政府购买服务总体要求和有关规定,制定政府购买全民健身公共服务的目录、办法及实施细则,加大对基层健身组织和健身赛事活动等的购买比重。完善中央转移支付方式,鼓励和引导地方政府加大对全民健身的财政投入。落实好公益性捐赠税前扣除政策,引导公众对全民健身事业进行捐赠。社会力量通过公益性社会组织或县级以上人民政府及其部门用于全民健身事业的公益性捐赠,符合税法规定的部分,可在计算企业所得税和个人所得税时依法从其应纳税所得额中扣除。

4. 多途径改善和开放现有场地设施,提高利用率

在新形势下,要通过观念转变,消除体制性障碍,构建有利于合理配置和有效利用现有场地资源的管理体制和运行机制。广泛地依靠市场力量,兴建各种收费合理、形式多样的大众化体育健身场地设施,增加绝对数量;充分挖掘现有场地设施资源的潜力,增加相对数量,拓展体育场地设施资源。

5. 加强健身管理,培养各类指导人员

社会体育指导员、体育教师和各类管理人员是开展群众体育工作的主要人力资源,目前我国已建立起国家、省、市、县四级社会体育指导员培训组织体系,要加大对其业务素质的培训力度。各类指导人员不仅要掌握相关健身知识,而且要把健身路径的使用、维护和管理作为必须掌握的一门技能。

6. 严格执行全民健身场地设施政策法规

《公共文化体育设施条例》《全民健身条例》等均对公共体育设施的规划、建设、使用、管理、保护等作了全面具体而明确的规定,公共体育设施的规划和建设要纳入国民经济和社会发展、城市建设、土地利用规划中合理布局,统一安排,与经济社会发展相适应。在全民健身场地设施的建设使用中,可以通过多种形式普及农村老年人健身活动,保障农村老年人体育权益,规范农村老年人健身管理。

四、全民健身路径

自1996年起,国家体育总局实施"全民健身工程",把体育彩票公益金的60%用于推进全民健身计划,在全国城市和农村资助修建"全民健身路径"。全民健身路径的建设与发展提供了良好的健身锻炼平台。全民健身路径就是指按一定的运动路线将不同的健身器材组合起来,每隔一段距离安装一种运动器械,各器械之间有小路相连,供群众锻炼,大多设在环境较好的社区、公园、绿地以及其他宽敞的公共活动场所。它使各种身体锻炼有机结合,具有一定的科学性和趣味性,适合不同人群的健身锻炼需求。

1. 全民健身路径的健身器材

组成健身路径的健身器材主要有滑梯、秋千、肋木、攀绳、爬绳、爬杆、软梯、跷跷板、单杠、双杠、天梯、滚筒、平衡桩、柔韧杠、平衡器、仰卧板、伸展器、臂力训练器、压腿训练器、蹬力器、转体训练器、太空漫步机、组合训练器等。通常,一条健身路径由上述健身器材中的10~15种组合而成。如果器械太少,功能不全,则难以达到全面健身的效果。健身路径的运动器械旁大多写明器械的名称、锻炼方法、主要功能、注意事项等,部分器械还有动作示意图、锻炼时的热能消耗及评分标准,这有利于健身者根据自身的身体状况有选择地进行健身活动。

2. 全民健身路径的功能

全民健身路径的功能有三个方面。第一,在增强人民体质方面有积极的作用。科学合理地使用健身路径,能使健身者身体功能和素质得到提高,对人的上臂、前臂、大腿、小腿、背部、肩部、腰部、腹部、颈部等肌肉都有保健作用。第二,能够满足不同人群的健身需求。按照科学性、实用性、趣味性、安全性的原则,不同年龄、性别、身体状况的人群可以选择不同的器械进行健身活动,以满足不同年龄层次群众的锻炼需求。第三,能够缓解健身场所缺少的问题。健身路径具有占地少、投资少、简单易建、建设时间短等特点,在一定程度上缓解了群众健身场所少的问题,为全面增强人民体质提供了便捷而有效的途径。

3. 全民健身路径的锻炼要求

在练习中,应将有关的几种练习有机地组合在一起,使身体能够得到全面锻炼。组合练习的基本原则是:先进行柔韧练习,再进行力量练习;先进行力量练习,再进行耐力练习;先进行轻阻力、小负荷练习,再进行大阻力、大负荷练习。在锻炼中应注意:①在锻炼之前,应认真阅读不同练习器械的使用说明,仔细检查各个器材,避免在已损坏的器械上进行练习,排除安全隐患;②在锻炼时,掌握正确的练习方法;③不同年龄的锻炼者,应根据自己的身体状况选择适合的健身路径及器械进行锻炼。

4. 老年人进行健身路径锻炼的注意事项

(1) 时间安排

早上,人体的血液黏稠度较高,影响血流速度。空腹运动容易导致低血糖的危险,糖尿病患者尤其应当注意。此外,早上缺少阳光中紫外线的杀菌作用,6~8时之间是人一天节律中最低谷的时期,各项功能均处于较低水平。老年人适宜的活动时间是9~10时或14~16时。

(2) 运动服装

选择运动衣时,要遵循运动和休闲兼顾的原则,选择具备吸汗功能且轻巧、透气性好的衣服。运动鞋的选择,应当注意鞋底要厚、柔软、弹性好,最好能有气垫。选略微大一些的鞋子,以穿进去脚趾能弯曲为好。

(3) 天气情况

雨后空气中会有大量的负离子,雨水净化空气,空气质量比其他天好,注意健身后要及时更换新衣,防止感冒。如果是有风天气,空气中的悬浮尘埃多,空气质量差,风力若在6级以上,应当取消健身活动。如果是雪天,雪能覆盖地面的尘埃和病菌,使空气更清新。在雪中进行健身路径活动,可以陶冶情操,有亲近大自然的感受。但在健身过程中要防滑、防跌倒。如果是雾霾天,大气压低,空气中悬浮着小水晶体,小水晶体黏附着大量的细菌、病毒及各种有害物质,因此雾霾天要取消室外健身活动。

(4) 安全检查

健身路径的器材集便捷、科学和娱乐为一体而受到群众的喜爱,但由于暴露在室外,会有日积月累的损耗,如果缺乏必要的维修,一些器材可能会破损,成为群众锻炼的安全隐患。健身路径的器材使用必须坚持"安全第一"的原则。使用健身路径的器材之前,必须对其进行检查，检查器材是否清洁，是否存在松动、裂痕等安全隐患。只有确保健身器材的清洁、完好无损，才能保证使用者能够安全地进行体育锻炼，以达到增进健康、增强体质的良好效果。

第二节　老年人体育活动的组织与管理

目前，我国全民健身活动的主要载体是各级各类全民健身组织。全民健身的目的在于增强人民群众的健康水平，减少疾病发生率，提高工作效率，促进社会经济的发展。因此，每一个全民健身组织应有自己的全民健身内容、组织方式、运动方法与指导方法，有针对性地对运动者给予积极影响，确保全民健身目的的实现。我国目前的全民健身组织主要由体育社会组织和基层全民健身组织组成。体育社会组织主要有各级体育总会、单项运动协会、传统体育项目协会、行业体育协会和各种人群体育协会等。基层全民健身组织则可分为公益性组织和商业性组织两类。公益性全民健身组织主要包括街道办事处、居民委员会、村民委员会、乡镇体育协会或乡镇体育总会、基层企业事业机关单位体育协会、各地体育行政部门或街道、乡镇政府领导下的体育指导站等，商业性全民健身组织主要是体育俱乐部。

一、老年人体育活动的相关组织机构

老年人体育活动的组织机构主要包括政府机构和相关协会。老年人体育管理工作一般存在于体育行政机关或体育单项协会中。此外，一些有关老年人工作的政府部门或协会也兼有老年人体育指导或服务管理的职能。

1. 全国老龄工作委员会

全国老龄工作委员会是国务院主管全国老龄工作的高层议事协调

机构，下设办公室，办公室设在卫生健康委。事业发展部为全国老龄工作委员会内设机构之一，主要职责是承担为老服务体系建设和老龄产业发展的调查研究；协同有关部门研究为老服务和老龄产业规划、政策建议及相关规范；协调有关部门研究为老服务和老龄产业发展及其市场监督；组织协调相关部门开展为老服务活动和从业人员培训工作。老年人体育是为老服务活动的重要组成部分，也是老龄工作的重点之一。

2. 国家体育总局

国家体育总局是我国体育工作的最高管理机关，主要职责是研究制定体育工作的政策法规和发展规划并监督实施，推行全民健身计划，指导并开展群众性体育活动，实施国家体育锻炼标准，开展国民体质监测，负责全国性体育社团的资格审查等。体育总局中有关老年人体育工作的管理部门主要是群众体育司和社会体育指导中心。

3. 中华全国体育总会

中华全国体育总会是全国群众性体育组织，是党和政府联系体育工作者的纽带，是依法成立的非营利性的社团法人。它的宗旨是联系、团结运动员和体育工作者，努力发展体育事业，普及群众体育运动，提高全民族的身体素质；不断提高运动技术水平，攀登世界体育高峰；促进社会主义物质文明和精神文明建设，为建设有中国特色的社会主义服务。中华全国体育总会包括各类国家级体育单项协会，其中很多都与老年人体育相关，具有代表性的有中国老年人体育协会和中国健身气功协会。

4. 中国残疾人联合会

中国残疾人联合会是由中国各类残疾人代表和残疾人工作者组成的全国性残疾人事业团体，代表残疾人的共同利益，维护残疾人的合法权益，团结教育残疾人，为残疾人服务；承担政府委托的任务，开展残疾人工作；动员社会力量，发展残疾人事业。残疾老年人是一个数量众多、特性突出、特别困难的社会群体，是社会保障和公共服务的重点人群。

5. 地方老年人体育相关部门

根据国家在老年人体育相关职能方面的部门配置，在各省、市、县和村镇（社区）的行政机构或社会组织中，均有承担老年人体育相关工作职能的部门或协会。

二、社区老年人体育活动的组织实施

1. 城镇社区老年人体育活动的组织实施

我国城镇社区体育的主要形式是街道社区体协和晨练、晚练体育活动点。老年人是城镇社区体育参与和服务的主要对象，也是城镇社区体育参与者的重要代表。

针对城镇社区老年人体育活动的特征，相关管理和服务人员在组织开展或现场指导各类老年人体育活动时应当遵循以下四个原则：第一，立足社区，因地制宜开展各类体育活动；第二，立足老年人，因人而异开展有针对性的体育项目；第三，量力而行，注重科学性和实效性；第四，创新筹措机制，积极争取多方资源支持。

2. 农村老年人体育活动的组织实施

农村体育是指在县及县以下广大农村开展的，以农民为主要参加对象，以增强体质、丰富社会文化生活、促进社会主义物质文明和精神文明建设为主要目的群众性体育活动。农村老年人是农村体育的主要参与者。

农村老年人体育活动的组织具有较强的自发性、民间性和随意性，组织过程要遵守以下原则：第一，要充分考虑和融入当地农村地域文化、风土人情和人文特征，调动老年人的积极参与性；第二，要充分调动农村体育业务骨干和爱好者的积极性与主动性；第三，要与老年人生活、娱乐和健康需求相联系。

第三节　全民健身体质监测的建设

体质监测是政府运用科学的方法，将国民体质作为一项国家资源、国家财产进行管理的一种手段，是全民健身体系的重要内容，是检验全

民健身计划的实施效果、提高群众体育管理工作科学性的必要手段。通过体质监测，对人的体质形成、发展、变化的信息进行收集、整理、研究，客观准确地了解锻炼者的体质水平和特点，科学地评价锻炼者的体质状况和体育锻炼效果，使其了解自身的体质水平状况，更好地选择有效的健身方法，提高体育锻炼的效果。这些信息还可提供给政府决策部门，用以制订和修订相应的健康指标，为体育工作的开展提供更充足的理论和实践依据，使体育行政决策更加合理化、科学化，从而不断提高国民素质和健康水平，为经济建设和社会发展服务。

一、构建全民健身体质监测体系的作用

1. 促进我国群众体育向着科学化方向迈进

构建全民健身体质监测体系，通过对我国国民体质状况进行动态观察和比较，以科学方法解决群众体育运动中的问题，推动我国全民健身工程向着科学化方向迈进。

2. 有利于加强对人民群众体育锻炼的科学指导

体质监测体系通过体质测试，及时了解和掌握大众的体质状况，针对大众体质存在的问题制订科学的运动处方，为人们提供健身及健康生活方式的指导，使体育锻炼更具有针对性和科学性，进一步改善和提高国民的身体素质和健康水平。

3. 为国家体质监测工作提供基础数据

通过体质监测，建立体质监测信息系统，能够充实和完善国民健康档案，为群众提供健康信息服务，为政府部门科学决策提供信息资源。

二、全民健身体质监测体系的工作任务

1. 体质测量

评价体质强弱的综合指标有身体形态发育水平、生理生化功能水平、身体素质和运动能力水平、心理发展状态、适应能力等。因此，体

质监测应包括形态指标、功能指标、素质指标三部分。形态指标主要包括身高、体重等身体形态；功能指标主要包括安静心率、血压、肺活量；素质指标包括力量、速度、耐力、灵敏、协调、柔韧。不同的测试内容是针对体质的不同方面进行检验，比如"反应时测试"测试反应能力、"闭眼单脚站立测试"测试平衡度、"台阶指数测试"测试心脏功能等。

2. 制订相应的运动处方

根据不同年龄段的监测结果，监测站将开出是否需要运动、需要什么样的运动、运动量多大为宜等运动处方。根据这些运动处方，锻炼者可以选择进行更为合理的锻炼，从而达到全面健康的目的。

3. 建立健康档案

除提供健身指导外，监测站还为大众建立健康档案，比较详尽地记录他们的体质状况。他们可以通过比较不同时期的档案，查看自己的体质是否增强，身体是否健康。

第四节　老年人的体质测评

一、老年人为什么要进行体质测评

1. 了解老年人体力活动的水平

体力活动不足是造成慢性疾病死亡的第四大危险因素，世界范围内每年超过 300 万人的死亡是由体力活动不足造成的，60％以上人口的体力活动量都达不到健康的推荐标准。定期对老年人进行体质水平测试和评价，可以了解老年人的体力活动水平，发现体力活动能力的不足，及时进行运动干预，可以大大降低慢性疾病的死亡率，使老年人获得健康效益。

2. 确定老年人体质状况的优势

体质测评可以测定老年人的运动素质,通过测试可以了解老年人运动素质各个方面的优缺点,从而确定老年人体质的基本优势。在制订运动干预计划时,可以从老年人的优势素质开始,减少老年人的心理负担,激发老年人参加体育活动的兴趣,维持良好的体育锻炼依从性,而后逐渐加入老年人的弱势素质锻炼项目,并通过定期的体质测评进行调整,从而保证运动干预措施的有效性。

3. 诊断老年人体质状况的弱点

通过体质测评,在确定优势素质的同时,可以获得老年人体质弱点的诊断信息。这些弱点信息可以帮助老年人在日常生活和体力活动中规避一些运动风险。当老年人具备一定的运动素质后,通过个性化的、循序渐进的、综合的运动项目设计,可以逐步改善这些体质弱点。

4. 帮助老年人建立体育活动目标

通过体质测评,可以帮助老年人建立适合自身状况的体育活动能力目标。这些目标一般分为短期、中期和远期目标。短期目标往往从改变生活方式开始,通过改正老年人的不良生活习惯,养成良好的体育活动习惯,从而为达到中期、远期的目标做准备。

5. 评价老年人体育活动的效果

在运动干预实施过程中的阶段性体质评价,可以了解经过一段时期干预的实际效果和老年人体质状况变化。通过结果分析,可以判断此阶段的预期效果是否达到目标、是否合理以及是否需要进行调整。体育锻炼对促进体质健康的良好效果也会增强老年人的自信心,从而更好地维持体育锻炼依从性。

6. 激励老年人参加体育活动

依据体质测评结果,老年人可以了解同伴的体质状况,寻找群体中的健身榜样,并进行参照,从而产生激励作用。

7. 监控老年人锻炼的过程

与运动训练监控一样,对老年人进行定期的体质健康测试可以产生监控锻炼过程的作用,这样的监控可以在整个测试全程中实施。

二、老年人体质测评的内容

1. 老年人体力活动行为的测定

运动传感器法是目前比较常用的对体力活动行为进行测定的方法。运动传感器可以分为计步器和加速度计两种。这两种设备都是小型电子装置,可以放置在身体的某个部位,用以记录四肢或躯干的运动。

2. 老年人功能健康测评

(1) 日常生活的体力活动评价

老年人的身体活动包括日常生活、家庭和社区中的休闲活动、交通往来(如步行或骑自行车)、职业活动(如工作)、家务劳动、体育运动或有计划的锻炼等。常用的基本日常生活活动评定量表有 Barthel 指数评定量表和功能独立性评定量表(FIM)。

(2) 日常活动评价

日常活动评价常使用社会功能活动问卷(FAQ)。FAQ 主要是对家属进行问卷调查,各项内容按其能力分为 0~3 分进行打分,正常标准为总分 5 分以下,等于或大于 5 分为异常(表 9-1)。

表 9-1 社会功能活动问卷(FAQ)

项目	正常或从未做过,但是能做(0分)	困难但可单独完成或从未做(1分)	需要帮助(3分)	完全依赖他人(3分)
每月平衡收支、算账的能力				
工作能力				
能否到商店买衣服、杂货和家庭用品				

续表

项目	正常或从未做过,但是能做(0分)	困难但可单独完成或从未做(1分)	需要帮助(3分)	完全依赖他人(3分)
有无爱好,会不会下棋和打扑克				
会不会做简单的事,如点炉子、泡茶等				
会不会准备饭菜				
能否了解最近发生的事件(时事)				
能否参加讨论和了解电视、书或杂志的内容				
能否记住约会时间、家庭节日和吃药时间				
能否拜访邻居,自己乘公交车				
总分				

(3) 平衡功能测试——闭眼单脚站立

测试目的是为了评价老年人的平衡能力,在平坦的地面,采用闭眼单脚站立测试仪或秒表进行测试。

测试前,双脚要依次踏上测试台,站稳后方可进行测试;在测试过程中,受试者不能睁眼;测试人员要注意保护受试者;每次测试前,须待仪器自动清空回零或按"按键"清空回零,所得分数越高,平衡功能越好。

3. 与老年人健康相关的体质测评

体质测评主要包括:①心肺耐力测试,如6分钟走试验、2分钟台阶试验、3000米快走试验;②骨骼肌健康测试,如30秒座椅试验、30秒屈伸臂试验;③身体检查,如身高、体重、腰围、臀围等。

4. 老年人的运动能力测试

运动能力测试主要包括：①速度和灵敏性测试，如曲线托球跑；②爆发力测试，如一分钟仰卧举腿；③柔韧性测试，如坐位体前屈、肩部柔韧性等。

第十章　老年体育产业

随着我国社会经济的发展，体育产业作为一个新型的产业已经得到快速发展，成为我国 21 世纪的"朝阳产业"。众所周知，我国是较早进入老龄化社会的发展中国家，老龄化给我国的经济、政治、文化等带来的影响是巨大的，而如何发展老年体育产业成为摆在我们眼前需要解决的事情。

第一节　我国老年体育产业的概况

21 世纪初，我国的体育事业已成为最具发展前景的产业之一。体育不仅成为人们消费的重要方式和重要内容，而且将成为一种具有特色的产业。老年体育产业指的是为满足老年人的体育和健康方面的需要而形成的体育主体产业和相关产业,它是伴随社会经济文化的发展、人口老龄化加剧而产生的,是社会发展的必然产物。发展老年体育产业是适应老龄社会的需要。目前,我国老年体育产业尚处于萌芽阶段,但是我们要看到,随着我国社会的进步、经济的发展、生活水平的提高以及医疗卫生条件的改善,老年体育产业的消费市场规模会越来越庞大,体育产业具有旺盛的生命力和广阔的发展前景。

一、老年产业是新型的朝阳产业

我国老年人口和"空巢家庭"数量不断增加,丧偶老人和独居老人群体对社会服务的需求与日俱增。随着人口老龄化趋势加快和相关政策环境的逐步改善,中国老年产业蕴藏着巨大商机。目前来看,我国可供老年人消费的市场远远赶不上老年人的真正需求,很多方面才刚刚起步,在生活中,老年人面临娱乐难、旅游难等问题,这些都是老年消费市场中需要解决的问题,老年人消费的特点和潜力还未引起社会的足够重视。

人口老龄化是一个新的人口现象,老年产业也是一个新的产业概念,我们不能用传统产业的眼光来理解老年产业。老年产业属于一种综合性的产业,它是为满足老年人特殊需要而提供产品和服务的行业的总称,其外延至少包括家政服务业、医疗护理业、保险业、老年理财业、老年休闲娱乐业、老年用品、老年旅游、老年教育、老年心理咨询、老年体育等行业。老年人市场不仅涉及适合老年人的衣、食、住、行、康复保健,还包括老年人学习、娱乐、休闲、体育锻炼、理财和保险,等等。老年人的特殊生活用品如老人床垫、浴盆,护理商品如手杖、按摩器、治疗仪、测量器、轮椅,辅助商品如老花镜、助听器、假牙、假发等。

二、我国老年体育产业发展的可行性

我国老年体育人口比例不断上升,奠定了老年体育产业的发展基础。健康老龄化是绝大多数人的追求目标。因此,随着老年体育人口的

不断增加，老年人的体育用品需求越来越大，势必推动我国老年体育产业的进一步发展。

我国现阶段老年人口的体育商品、体育设施、文化体育旅游、体育保健和体育服务行业等体育社会活动场所、老年公寓的建设，以及老年人体育消费品的生产和开发不尽如人意。老年体育用品不仅数量稀少，而且品种单一，专门的老年体育用品商店稀少。

我国老年人的体育消费观念开始转变，随着国民经济的发展和生活水平的提高，老年人对生活质量提出了新的要求，老年人愿意为健康而投资，为锻炼身体而消费，老年人的体育消费增加。再加上社会保障制度的建立和完善，给老年人的晚年生活带来了深刻变化，其子女也愿意为老年人的健康和娱乐消费。

我国的人口老龄化发展不平衡，地区差异大。这种差异的客观存在必然形成多层次需求，这不仅为发展老年体育产业提供了多种选择，而且有利于最大限度地延长老年体育产品的使用寿命，降低开发成本，并促成老年体育产品和服务的更新换代。

中青年人向老年人赠送物品以表孝心和敬意是一种约定俗成的社会风尚，而近几年相继开发问世的一些专门的老年体育商品，尤其是老年体育保健器材，更是成为中青年人"送礼"的首选目标。这将可能发展成为我国老年体育产业另一个强有力的支撑点。

体育消费结构和体育市场营销结构优化而形成的强大推动力，会使老年体育产业成为一个新的经济增长点，以促进经济持续增长和社会可持续发展。体育产业的发展还能带动第三产业和其他产业的发展，为改革开放、市场经济发展和精神文明建设提供有力的帮助。因此，发展老年体育事业不但有它的历史必然性，而且有它的现实可行性。

三、老年体育产业发展中存在的问题

现阶段，我国老年体育消费者市场以"量"而非以"质"取胜的特点，决定了开发老年体育产业只能以薄利多销的方式追求规模效益，而这对于尚处在萌芽状态的我国老年体育产业来说，规模化经营的目标是难以一蹴而就的。受经济条件的限制和传统消费观念的影响,老年人口的消费特征并不明显,对专门的老年体育用品尚未形成大规模的市场需求。

老年体育产业经营人才短缺,管理水平低。由于不熟悉体育产业发展规律,在从事老年体育市场的开发和经营活动中,亏损现象极为普遍,老年体育产业要发展,需要一大批专业人才。

我国老年人口内部结构仍以60～69岁的"年轻"老年人为主体,而"年轻"老年人的体育消费习惯和消费结构与中年人较为接近,即使已经具有老年人消费的某些特征,也不是特别明显。随着他们年龄的增长,其对专门的老年体育商品需求将表现得越来越强烈。

上述问题是阶段性的,在我国社会经济持续、稳定、快速增长的形势下,随着我国人口老龄化的到来和老年人口高龄化的发展,老年体育产业发展的前景是光明的。

四、老年体育产业发展策略

1. 加强宣传,转变观念

传统消费观认为,老年人上了年纪,就不需要讲究消费了。就老人而言,由于不少人过去过惯了节省的日子,对现代生活虽有所向往,却舍不得消费。现代社会要转变这种消费观念,倡导积极健康的体育消费,使老年人的晚年生活过得更加幸福。

2. 重视社会效益

在市场经济条件下,老年体育产品要面向市场,根据市场需求拓展自己的经营渠道,以取得好的经济效益,壮大经济实力,以求在市场经济中滚动发展。老年体育产业具有精神产品和物质产品的双重性,不能像其他产品一样以追逐最大利润为目的,而忽视社会责任。老年体育产品的发展,既要遵循经济规律,又要注重社会效益,服务于老年人的需要。

3. 大力开发老年体育健身娱乐产业

目前,我国绝大多数老年人的健身娱乐场所局限在家里、马路边和公园里,体育需求得不到很好的满足。现在大多数老年人更多地需要适合自身特点的健身消遣、休闲和娱乐设施。基于此,可开办诸如老年体育旅游、老年健身娱乐室、老年健身馆、老年文化站、老年俱乐部等。通过老年体育健身娱乐产业的发展,使老年人健身娱乐活动更加多样化。

4. 加大体育设施的建设

体育设施是开展体育活动、从事体育经营的重要基础,是产业发展的基本物质条件,要将社会效益与经济效益结合起来,在确保老年大众体育锻炼的前提下,充分发挥自身的人力和场地优势,全面向社会开放,提供多样化的体育服务,开展多种经营,增加收入,逐步增加老年人服务设施、活动中心、体育场馆,增强自我补偿、自我更新的能力。如试办老年餐馆,老年人俱乐部,以老年人为主,面向社会开放。

5. 健全老年体育产业相关法规

老年体育产业的发展需要相应法规的指导和管理,国家应加快老年体育产业的立法进程,建立严格的管理规章制度,不断提高体育团队的专业技术水平和体育产品的质量。

第二节 老年人体育产业发展研究

一、老年人体育消费研究

随着老年人口绝对数量的不断增加,老年人在体育用品、体育娱乐、健身等方面的体育消费需求将越来越大。而体育消费结构的改变(实物型消费向参与型消费转变),将极大地改善目前老年人口体育消费的现状。随着老年人对基本物质生活的日益满足,他们将追求更高层次的精神享受。调查显示,有91%的老年人对体育消费持积极态度,认为花钱买健康值得,但总体的消费水平较低,造成这种现状的主要原因除体育消费市场未被完全开发外,中国传统文化思想、收入状况、受教育程度、地域经济差异等也是重要的影响因素。

体育消费对提升老年人体育锻炼效果有着积极的促进作用。国外研究发现，65岁以上患慢性病老年人的不运动、体重超标及肥胖组较65岁以下人群有医疗费用高支出的倾向，而美国的研究显示，在锻炼频次为0次/周时，老年人群所支出的医疗费用比例要远高于锻炼频次为4次/周以上的老年人群。步行是老年人常用的体育锻炼方式，日本的研究显示，保持平均步行每天1小时以上人群的医疗费用支出明显低于每天1小时以下人群的医疗费用支出；此外，同时具备无吸烟习惯、标准体重和步行每天1小时以上三要素的人群，平均每人每月的医疗费用支出明显低于不具备上述三要素的人群。

当人口老龄化、体育消费、体育锻炼、医疗费用这四组看似关联度不高的关键词组合在一起时，便形成了一个具有科学意义的研究体系，了解其内外属性关系与特征，对于改善多元背景下的老年问题一定会产生积极的影响。

体育锻炼所具有的强身健体和调节情绪的功能已得到广泛认可，同时作为一种经济、有效、简便、易行的手段颇受大众青睐，尤其对处于身体功能日益衰退的老年人群来说更具有现实意义。体育锻炼不仅作为增进健康的重要手段之一，也更多地被作为辅助手段应用在医学领域，它对增强老年人身心健康状况、降低疾病发生率、减少医疗费用支出具有明显的抑增效益。通过这一手段，不仅可以使个人免遭或减轻疾病带给身体的"创伤性"危害，同时更有利于减轻我国医疗卫生事业的负担。

体育消费作为体育产业深入开发的源头，适量的投入有助于提高体育锻炼效果。老年人体育消费的状况与趋势能间接地反映其参加体育锻炼的形式和效果，对于提升体育锻炼意识、改善体质健康水平、引领新型消费潮流产生积极影响。一般认为，体育消费越高、参与体育锻炼的积极性越高、收益效果越好，身心健康状况就越好，而医疗费用支出则反之。国民经济的快速发展、个人收入水平的提升以及消费意识的转变，让人们对"花钱买健康"有了全新的认识与思考。体育消费无论作为体育产业的重要组成部分，还是作为生活消费的必要手段，对促进社会生产、老年体育产业的发展和改善国民健康状况，均具有重大的现实意义。

二、老年人的体育消费行为

1. 体育消费概述

关于体育消费概念的界定和论述，学者们的观点各有不同。体育消费，不仅是指人们买票去观看体育比赛或体育表演，而且更主要的是指人们为了取得身心健康、陶冶高尚情操、获得美的享受、欢度闲暇时间、提高生活质量、促进人的体力和智力的全面发展，而去从事各种各样和体育活动、体育锻炼等有关的个人消费行为。体育消费可分为狭义的体育消费和广义的体育消费。狭义的体育消费，主要指那些直接从事体育活动的个人消费行为，如买票观看体育比赛、参加健身学习班、个人购置运动器材等；广义的体育消费，则包括一切和体育活动有直接或间接关系的个人消费行为。

2. 城镇老年人的体育消费现状

经济收入水平的提高，使人们的传统消费观念发生了转变，特别是对体育消费也有了新的认识。我国人口老龄化进程的加快，使得老年人口比重不断攀升，进而改变了社会的整体消费结构。城镇老年人具有收入相对稳定、闲暇时间较多的优势，这让他们有了可参与体育消费的前提和充分参加体育锻炼的条件。

（1）体育消费类型

根据专家、学者对体育消费的不同认识，老年人的体育消费类型可大致分为三种：第一种将体育消费分成三类，即实物型、观赏型和信息型体育消费；第二种是实物型、观赏型和参与型消费；第三种将体育消费分成两类，即实物型体育消费和非实物型体育消费。还有一种分类方式是在第二种分类方式的基础上，增加了博弈型体育消费，即购买体育彩票。目前，较为常见的是前两种分类方式，它们的相同点都包含实物型和观赏型体育消费，而不同点在于信息型体育消费与参与型体育消费的界定标准有异。无论哪一种分类方式，受传统、保守、节俭等思想观念的影响，实物型体育消费已成为老年群体的主流消费方式。

(2) 体育消费动机

体育消费动机是在消费需要的基础上产生的,是引发消费行为的直接内因和动力。老年人体育消费动机主要包括三个方面。第一,体育消费的动机是为了强身健体,因为老年人多患有不同程度的疾病,都将健康视为第一位。为了防病治病,追求延年益寿,他们更愿意将目光投向集娱乐、健身于一体的体育活动,而体育融入老年人生活方式的最大优势是它可以积极地促进健康。第二,消遣娱乐占有很大一部分比例,这种消费动机相对于其他动机而言层次性较高,也预示着老年人的体育消费观念正在发生转变。第三,消磨空闲时间,增加与他人的交流和交往的机会。老年人离退休后,种种因素带来的失落感和孤独感,促使老年人主动寻找精神寄托,借此摆脱孤独感。也有研究表明,性别差异导致的行为差异,使得男性体育消费首要目的是"增进健康",而女性则是"追求审美"。

(3) 体育消费态度

体育消费态度是人们对待某一体育商品(或服务)或从事体育消费活动前的心理倾向,它能影响消费者的消费决策和消费行为。从总体上看,多数老年人认为值得进行体育消费,在观念上已达成共识,但老年人的体育消费水平比较低,主要是因为部分老年人虽对体育消费持肯定态度,却没有实际的消费行为。此外,老年人进行体育消费的内容多为符合其生理、心理特点,运动强度较小的运动项目,如散步、跑步、健身操、太极拳、舞蹈、武术、气功、球类等。老年人活动的场所大多趋向于不收费或收费少的地方,如公园、广场、公寓楼空地、自家庭院、公共体育场所等,而选择到收费体育场馆锻炼的比例较小。

3. 影响老年人体育消费的因素

随着我国老年人口比重不断攀升,使得老年体育消费市场的开发和发展成为各界关注的焦点。体育消费属于体育产业的分支,老年群体消费者作为体育消费市场的重要组成部分,它的发展必将推动体育产业的飞速发展,这对老年体育产业的开发、消费结构的调整有积极影响,对老年体育市场的发展具有深远意义。影响老年人体育消费的因素主要包括经济收入、消费观念、健康状况、自然因素体育设施与消费品价格等。

家庭因素也是不可忽视的因素。老年人退休后的闲暇时间虽多,但部分老年人需要料理家务或照看孩子,在某种程度上削减了部分老年人的闲暇时间,从而降低了体育消费水平。

三、发展老年体育旅游产业

旅游作为一种休闲、消遣型的消费活动,主要满足人们在身体、精神和文化等方面的需求。体育旅游是体育与旅游相结合的产物,是将身体运动与传统旅游有机结合,在满足人的观光、购物、休闲等欲望的同时,在一定的环境加入体育项目为内容的旅游活动。

1. 老年体育旅游概述

老年体育旅游者一般指离退休人员和其他55岁以上的体育旅游者。由于年龄较大、体力相对较弱,他们不太喜欢运动强度大、危险性大、刺激性强的旅游项目,较偏重于钓鱼、打球、自行车骑游等活动。他们在活动中打球通常不计名次,在长距离骑游或自驾中每天的旅程也是相对较短。这种类型的体育旅游者闲暇时间较多,通过几十年的工作也具有一定的经济实力,生活水平的提高使他们的身体状况得到改善,体质得到增强,不少老年人十分热衷于体育旅游,他们可以避开旅游旺季,在气候宜人的季节开展体育旅游活动。

2. 发展老年体育旅游的意义

(1) 推动我国经济增长

近几年,我国的旅游市场有了长足的发展。随着老年人口增多,以及老年人需求范围的扩大和需求层次的提高,老龄体育旅游业的市场份额在国民经济中所占比重不断上升,使其成为国民经济新的增长点,促进了国民经济相关产业的发展。

(2) 提高老年人晚年生活质量

体育旅游可以调节老年人的精神情绪,在参加集体的体育旅游过程中,老年人通过运动游戏可获得与同伴之间相互交往的亲和感,也可以在集体体育活动中得到信赖感、依托感。如果是家庭自发组织的体育旅游，老年人可以在和睦欢乐的气氛中，更好地享受天伦之乐。参加体育旅游活动可以恢复和建立老年人的生活自信，体育运动所带来的快乐有助于老年人形成乐观的性格和豁达的胸襟。

（3）缓解人口老龄化造成的社会负担

开展老年体育旅游活动对促进老年人身心健康，预防老年疾病、增进健康、延年益寿和丰富老年人文化生活有着重要的作用和意义。体育旅游活动为老年人提供了集体活动的形式，老年人在进行身体锻炼的同时，彼此间交流锻炼身体的方法和技艺，在这种群体活动中，老年人感到心情舒畅、生活充实。大力开展老年人体育旅游活动，科学合理地组织和指导老年人从事体育活动，有利于提高老年人的身心健康水平，从而缓解人口老龄化给我国经济社会带来的负面影响。

3. 老年体育旅游市场存在的问题

（1）老年体育旅游产品相对缺乏

优秀的体育旅游产品在老年人进行体育旅游的过程中会对培养老年人兴趣和感情起到非常好的作用。如今，许多从事体育旅游的经营者在设计体育旅游产品时没能把老年人的身体状况、心理需求以及对旅游价格的敏感程度等相关因素进行充分的考虑，真正适合老年人的体育旅游产品数量太少，远远不能满足日益增长的老年体育旅游爱好者的需求。

（2）易忽视"安保"措施，易发生险情

随着我国老年体育旅游市场的日趋升温，不时出现的安全事故使得老年体育旅游者的安全保障问题日益突出。老年人在体育旅游过程中容易受到自然因素、人为因素、技术装备因素，以及老年人的身体、心理等特点的多重影响。

（3）缺乏保险意识，存在侥幸心理

由于我国保险业起步较晚、发展缓慢，进而影响了我国体育旅游保险市场的发展速度。大多数游客特别是老年游客对于体育旅游过程中购买保险的意识比较淡薄。许多老年游客对于旅游的支出觉得可以接受，但是再出钱另外买保险,总觉得在心理上是一种"额外支出",并且认为多年来风风雨雨参加各种活动都没出现任何意外,侥幸心理比较强烈。

(4)服务质量良莠不齐,服务设施有待更新

许多接待老年体育旅游爱好者的旅游团体在心理上总觉得老年游客旅游消费水平相对较低,而对于服务的要求又相对较高,自己的利润空间少,致使这些团体不愿意去研究如何提高老年体育旅游爱好者的服务质量。有的旅游团在旅游时间上安排过于集中,没有充分考虑老年人的身心特点。许多适合老年人的体育旅游景点服务设施(如座椅、乘坐的临时交通工具、紧急呼救系统等)非常陈旧,有待更新。

四、发展老年体育用品业

体育用品业是指为体育运动用品提供设计、制造、销售和服务,包括体育场馆的设计、建造和维护,体育器材的设计、制造、销售和安装,体育服装、鞋帽等的设计、生产和销售等。体育用品业是体育主体市场的一个重要的支持性周边市场。体育用品设计制造水平在一定程度上影响着体育项目的开展水平。

一般说来,体育用品业的发展依靠两个条件:一是本国体育事业的发展,二是该国经济繁荣和人民生活水平的提高。我国体育用品业从小到大,从仿制到创新,从计划到市场,从封闭的自给自足到走向国际市场,取得了令人瞩目的成绩。

目前国内的老年产业主要集中在医药、医疗保健方面,旅游、体育等方面还处于起步阶段。随着经济的发展和人们生活水平的提高,以及社会保障制度的逐步完善和内需的拉动,老年人的消费观念正在发生改变,他们不仅开始讲究服装,在健身、运动等方面也常常喜欢时尚,老年人的体育用品市场有着巨大的发展潜力。因此,企业要抓住发展机遇,不遗余力地开拓国产运动品牌空间,加大品牌的宣传推广,使老年人体育用品市场成为一个新的经济增长点。

在面对如此良好机遇的同时,我们也要看到其带来的挑战。我国是

世界公认的体育用品生产大国,这有利于我国老年体育用品产业的蓬勃发展。受经济、地域等因素的影响,我国老年体育用品产业的发展表现为南强北弱、东强西弱、城市优于农村的现象,这种发展不平衡对老年体育市场的形成及产业规模的扩大有阻碍作用。此外,体育营销方式滞后、服务不到位等也是制约其发展的因素。为了更好地应对挑战,我国老年体育用品产业的发展应采取以下几点对策:一是制订中长期老年体育用品产业发展规划和战略,出台相应的扶持政策;二是培养老年体育产业经营管理人才,提高体育用品企业核心竞争力;三是打造属于我国老年人的体育用品品牌,推动体育用品产业优化升级。